高次元科学

気と宇宙意識のサイエンス

関 英男――著

The SPACE
of
SCIENCE

目次

まえがき

まず最初に、本書を執筆するに至った動機と完成までの経緯をのべてみたいと思います。

さきに『念波』を発行したのは一九九〇年の五月でありました。これはできる限り平易な文章で高次元科学を解説しようとしたものでありましたが、三年を経過して多少修正したい個所もでてきました。

その後、一般の人々の間に気功の関心が盛り上ってきたにもかかわらず、『念波』にはこれが抜けていました。

その折も折、本邦気功の最高峰である中川雅仁先生が、気功の説明を追加してロシア語に翻訳することを実行して下さって、近くかの地で発行の運びとなっています。

そして、あれから筆者は次々と新しい体験をし、すばらしい情報を入手し、全面的に新しい構想で啓蒙書を世に問いたいと感じていた所でした。地球は今や一億年に一回経験するかどうかという大転換の時期を迎えようとしており、日本やロシアだけでなく、全世界の人々に呼びかけるような書物をだしてみたらどうかという示唆を中川さんより受け、その構想を、今回実現することになった次第であります。

『念波』発行後の新しい体験とは、超越瞑想を自らやるようになったこと、中川気功を一年以上にわたって見学する機会に恵まれたことの二つであります。すばらしい情報とは一九九三年一月三日に一級建築士の足立育朗さんからもたらされたプレアデス情報であります。いずれも不思議な御縁によるものとつくづく感じています。

まず、中川さんは一九九二年五月二十日に二人のスタッフとともに加速学園を訪問下さいまして、気功に関する珍らしい写真を見せて説明を頂きました。同年六月七日に筆者は藤本さんという方の御案内で初めて下田の研修所にお邪魔し、それ以来、一年以上にわたってずっと中川気功の現場を毎月一回位の割で見学することによって、おぼろげながら気功に関する理論の組立てができるようになりました。

超越瞑想、いわゆるTMを体験するに至った動機はマハリシ総研の鈴木志津夫さんに依頼して、米国アイオワ州フェアフィールドのマハリシ国際大学を一九九二年四月に見学したことに端を発しています。

同大学で直接御案内して下さった仮谷卓さんと、前記鈴木さんのお勧めで一九九二年の暮からTMを実践し、一九九三年八月には仙台で二週間の合宿をしました。

その間、一九九二年七月にはオランダのマハリシ・ベーディック大学でグル・プルニマという祭りに列席して、マハリシ・マヘシュ・ヨギの前で空中浮揚の理論その他の講演をするという栄を得ました。この旅行は日本におけるマハリシ総研代表の小山克明さん御夫妻の御案内によるものでした。

足立さんによるプレアデス情報は一九九三年に承ったのですが、その発端はメキシコのチャパラ湖の岸で筆者が宇宙人の家らしいものを見た一九八四年にさかのぼります。足立さんは一九九〇年に同じ家をごらんになり、一九九一年にはプレアデス人からすばらしい情報を得られ、それを二年後に筆者が頂くことになったという事情があります。これは筆者が高次元科学を組立てる上で極めて有力な資料となったものであります。

以上の体験と情報は本書を執筆する上で、至る所に利用されて最新の話題を提供していて、『念波』とは一風変った雰囲気を醸しています。しかしながら、その底に一貫して流れている警鐘の思想は、前回も今回も共通したものがあります。ぜひ地球上、全世界の人々に読んで頂きたいものと切望しています。

本書執筆のきっかけを作って多数の貴重な写真や資料を提供して下さった中川さん、資料の取りまとめに御協力を頂いた小原田泰久さんに満腔の敬意を表わす次第であります。また出版に際して具体的な御援助を賜わったファーブル館社長中尾龍一さんや校正その他の作業に協力下さった西川佐代子さんにも御礼を申し上げる次第であります。

一九九三年十二月

加速学園代表
関　英男

第1章　世紀末現象の意味

天変地異は変動の序曲

一九九三年は、異変の年だったといえるでしょう。日本は大変な冷夏で雨が非常に多かった。地震も大きいのがたくさんありました。北海道の奥尻島では、マグニチュード8.2という大地震に襲われ、島が全滅するほどの大打撃を受けました。

ほかにも、私が記憶するだけでも、グアム島のマグニチュード7.8の大地震、カムチャッカの東部地震、ニュージーランド、コロンビア、チリ、それにイースター島。インドでも三万人もの死者が出る大地震がありました。異常としか言いようがありません。

アメリカでは、ミシシッピ川流域の大洪水もありました。モンゴルやベネズエラ、それに日本の九州の大雨も大きな被害をもたらしました。

こういった異常現象は、一体何を意味するのでしょうか。

私のもとには、さまざまな霊能者や超能力者が情報を持ちよって来てくれます。人間がその頭でどう考えても及ばないことが、霊能者や超能力者には分かります。人間以外のエネルギー体から、いろいろな形でメッセージとして届いているのです。ある人には、勝手に手が動いて文字を書く自動書記という現象で届いたり、ある人には霊言という言葉で届いたり、夢でお告げがあったりといった具合です。

いい加減な低級霊の仕業ということもありますので、その情報の取捨には慎重になる必要があるのですが、ほとんどの霊能者、超能力者の言葉で共通しているのが、このさまざまな天変地異の意味です。

つまり、今起こっている天変地異は、地球の自浄作用だということです。環境汚染で病んだ地球が、自らを癒すために生命力を働かせているというわけです。

もちろん、その自浄作用の中には、人間に反省を促すことも含まれています。

霊能者、超能力者の中には、今後ますます天変地異は多く、大きくなり、最後には地球の地軸の角度が瞬間的に変化し、人類は完全に整理されるという人も少なくありません。このとき、新しい時代に残るべき人間は、一時的に他の星に引き上げられ、地球の混乱がおさまってから再び地上に下ろされるというのです。

これが神のシナリオです。

ノストラダムスの大予言が大きな話題になったことがありましたが、彼もこの神のシナリオを知っていたからこそ、人類の滅亡を予言できたのでしょう。

ノストラダムスの予言した一九九九年はもう間近です。多くの霊能者、超能力者も同じ時期を大異変が起きるときだと話しています。

今、起こっている天変地異は、その序曲に過ぎないというのです。

書き換えられたシナリオ

天変地異が起こって人類が整理されるのが神のシナリオなのですが、それは完璧ではあっても変更は可能なようです。

シナリオを書く存在を、ある人は神と呼び、ある人は宇宙人と呼び、ある人は宇宙意識と呼びます。呼び方はどうでもいいでしょう。しかし、覚えておきたいのは、その存在が人間よりもはるかに高い意識を持った存在だということです。瞬間的に長距離を移動したり、テレパシーで交信したりと、人間にとっては理解できないようなことを易々とやり遂げてしまいます。

そういった能力の持主は、私たち人間にしてみれば、神であり宇宙人であり宇宙意識として表現するしか方法はありません。しかし、彼らとて最高の存在ではないのです。神様の神様、つまりこの宇宙を作り上げた絶対神ですが、その下僕として働いているのが彼らなのです。

そんな彼らが、私たちの行動や考え方を観察しながら、シナリオを作ったり、書き換えたりしているのです。

よく「宇宙人は地球に何をしにくるのだ」という質問を受けます。

概ね、私は「地球人を指導しに来ている」という答えで合っていると思っています。

彼らは、まだまだレベルの低い地球人にできるだけ効率的にレベルを上げる修業を課し、少しでも創造の神の意思に沿った存在になるよう指導してくれているのです。

そして、どうしようもないということになれば、病気を与えたり、災害を与えたりして自らの過ちに気づかざるを得ない状況を作り出すわけです。それとて、決してその人間が憎いからやっているのではありません。あくまでも、真実に気づいてもらいたいという好意から発したものなのです。

さて、神のシナリオ、人類滅亡のシナリオですが、どうも最近、大きく書き換えられたようなのです。ある霊能者を通して神が伝えてきたメッセージです。

それは、人類の整理が天変地異では行なわれなくなったという内容です。地震や津波や洪水で人類が一瞬のうちに死滅していくという地獄のような光景が避けられるというのです。

しかし、喜んでばかりもいられません。その代わりがきちんと用意されています。今、地球は大変な重病にあります。ですから、何事もなく次の時代を迎えるということはまず有り得ません。何らかの好転への兆がなければ地球そのものが救われないのです。

長年患った病人が気の治療で良くなっていくとき、一時的に悪くなったように見えるときがあります。実際、病人本人にしてみれば苦しみが増したり、痛みがひどくなったりと、副作用でもあったような疑いを持ちたくなるような状態があったりするのです。しかし、その苦しみが去ると、嘘のように体調が良くなります。健康になるためにはどうしてもくぐりぬけなければならない産みの苦しみとでもいうべきものなのです。それを専門用語で、好転反応とかメンケン反応とか呼んでいます。

それと同じことが地球でも起こるというわけです。

その好転反応が、最初の計画では天変地異だったのですが、シナリオの書き換えによって、大きく変わったのです。

シナリオの書き換えによって、人類の運命はどう変わったのかお教えしましょう。

私たち人類は天災ではなく、病気によって粛正されようとしているのです。

病気の中でもガンとエイズが、その役割を担うことになります。

エイズ患者が世界中にあふれる時期はもう間近に迫っています。ガンも年々増加し続け、一九九三年は有名芸能人のガン死が相次ぎました。
大きな大きな兆候ということができるでしょう。

エイズとガンが猛威をふるう

ガンを宣告されると、誰もが〝死〟の恐怖におののきます。エイズだったらもっと大変でしょう。

しかし、今や、ガンもエイズも、多くの人にとって避けられないものの一つになっています。日本ではガンで死ぬ人が年間で二十三万人を超えています。交通事故で亡くなる人が約一万人。単純に数字を比較すれば、どれだけ多くの人がガンで命を落としているかよくお分かりになるでしょう。エイズは今のところ表面的にはそれほどではないにしろ、潜在的な感染者は予想するのが恐ろしいほどの数にのぼっており、近いうちにガンを追い越す勢いで増えていくでしょう。

そして、悲しいことに、現代医学でガンやエイズの患者さんを救う術はほとんどありません。どうしてガンやエイズを現代医学で救えないか。そのことについて考えていきましょう。

ガンやエイズは、意識を持った病気です。それも、人間の勘違いを正し、病める地球を救うという意識です。人間は地球を、自然を支配しているという大きな思い違いを持って生きてきました。その間違いを私たちに知らせ、その結果として地球の健康を回復させようというのがガンでありエイズの意識なのです。

つまり、私たち人間の及ばない高い次元からの意識がガンやエイズには宿っているわけです。そうした高い次元の意識に、人間が限られた頭脳で考え出した所詮肉体レベルの医学で対抗しても、それは無駄な努力というより仕方ないのです。

厳しい言い方をして、医学関係者には不愉快な思いをさせてしまうかもしれませんが、本当に医学を追求し、人々の幸せを考えるなら、そこまで深く探求しなければならないはずだと、私は確信しています。

後程、気の医療のお話もしますが、現代医学で治らないといわれている病気が、いとも簡単に気で完治してしまうという例はいくらでもあります。ガンでもそうです。エイズに対しても大きな可能性を秘めていることは間違いないでしょう。

それはどうしてなのか。つまり、気はこの三次元のレベルを超えたエネルギーだからです。直接意識に働きかけるエネルギーなのです。

ガン、エイズの本当の原因

なぜ、ガンやエイズになるのか。私は、その原因を突き止めることができました。もちろんサイ科学というレベルでの話ですから、見える世界しか扱おうとしない現代科学では理解できないことで、学会で認められるとか認められないといった議論はまったくナンセンスであることを先に断っておきます。

私の理論によれば、エイズは決して直接感染しかしない病気ではありません。もう、これだけのことを言っただけでも、今、正しいと考えられている科学の世界からは無視されてしまうでしょうが、私は確信を持ってこのことを断言できます。

私の理論をゆっくりと分かりやすくお話します。

すべての物質は分子からなり、分子は原子が集まって構成されています。原子というのは、原子核の周りを電子が回っているモデルでよく知られていますが、この原子核を構成しているのが陽子と中性子で、さらにこの陽子と中性子はクオークという超ミクロな基本粒子から成り立っています。

もちろんこれは理論上の話で、電子さえも誰も見たことはなく、どんなものかを正確に説明できる科学者は一人もいません。しかし、当然のことのように誰もが受け入れていることでもあります。おかしなことだと思うのですが、ぼやいても仕方ないですね。

ところで、ガンやエイズですが、どちらの病気も、実は今お話したミクロの世界が大きくかかわっているのです。原子核を作っているのが陽子と中性子だといいましたが、この二つが非常に微妙な働きを人体にもたらしているのです。つまり、陽子の形が歪むとエイズが発生します。中性子が歪むとガンになります。

この歪みは決して伝染して起こるものではありません。なぜ歪んでしまうのか、そのことについてはおいおいお話していきたいと思いますが、ここでは中性子には意識があり、陽子には意思があるということを覚えておいていただきたいと思います。そして、人間の心の持ち方が、その意識や意思に大きな影響を与えるのです。

簡単に言ってしまうと、味もそっけもなくなってしまうのですが、心がけがガンを作り、エイズという疫病をもたらしているということになるのです。

もう一つ驚くべき情報があります。それは、ガン、エイズによって人類がどんどん減少していくわけですが、その数が私たちの想像をはるかに超える数になるということです。私は予言者ではないので、ここではいつごろ何人になるかは報告しないことにしておきますが、半分というなまやさしいものではないことだけお伝えしておきましょう。

しかし、いたずらに恐がる必要はありません。このシナリオも十分に書き換えられる可能性があり、また最悪の事態になったとしても生き残るグループに入る確実な方法も私は聞いていますので、これも後程お教えすることにします。

シナリオの書き換えが意味するもの

今、私たち人類は素晴らしい世界に向かって進んでいます。しかし、その前にどうしても越えなければならないハードルが存在しています。それは結果的に、新しい世界にふさわしい人とそうでない人を分ける作業ということになります。そして、私たちの住処である地球が健康を取り戻すための好転反応であることはすでにお話ししました。

そのハードルというのは、これまでたくさんの霊能者が言ってきましたが、天災や事故によるたくさんの人の〝死〟をもって表現されることになっていました。

しかし、神とか宇宙人といった存在の話し合いによって、そのシナリオが書き換えられました。天災や事故でなくてガン、エイズが大きなハードルとして私たちの前に立ちはだかることになったのです。

このシナリオの書き換えについてはいろいろな感想を持たれるでしょう。事故や天災なら一瞬の苦しみで済むのに、ガン、エイズだとしばらく続く苦しみに耐えなければなりません。病気の方が罰としては重いのかもしれません。

あるいは逆に、死までに残された時間があることに救いを感じた方がいいのかもしれません。さまざまな受け取り方があっていいのですが、私としてはこのシナリオの書き換えに神の慈悲を感じたいと思います。

どうして慈悲なのかといいますと、私流に言えば、ガンもエイズも治る病気だからです。有無も言わさず事故や天災で命を奪われるより、ちょっとした発想の転換や気づきによって克服できるハードルを神は与えてくれたのです。

そもそも病気は、神がその人に生き方の間違いに気づいてほしくて与えるものです。それにもかかわらず、病気になると、特にガンのような不治といわれる病気ですが、自分の不幸を嘆くばかりで、自分の生き方を振り返り今何をすべきなのか考えようともしない。そして、ただ医師にお任せしますと、自分の肉体にもかかわらず無責任なことを平気でいってしまう。

それが、病気が治っていかない大きな原因なのです。

病気は神からの有り難い警告です。メッセージなのです。

「あなたの生き方は間違っていますよ」

と、神は親切にも教えてくれているのです。

その神の好意を忘れてはいけないでしょう。

天変地異からガン、エイズへのシナリオの書き換えは、気づき次第では次の世界に生き残れるチャンスを与えてくれるという神の素晴らしい好意に基づいてなされたものなのです。

瞑想の社会的影響(1)

精神世界がいろいろな形で取り扱われるようになってきました。本書の読者も、何らかの形で精神世界に興味があって、この本を読もうという気になったのでしょうが、確かに今という時代は精神を語らなければ真実が見えてきません。

瞑想をやったことがあるでしょうか。静かに目を瞑ってリラックスすることによって、自らの内面を見つめ、自分の外に広がる偉大な宇宙の存在を感じるものです。瞑想用のＣＤなんかも市販されており、気軽に精神世界を体験できるでしょう。

しかし、気軽といってもあまり気軽にやると危険なこともあります。邪気を取り込んでしまうからです。

瞑想をやったために頭がおかしくなったという例はいくらでもあります。

瞑想をやるときは、自己流ではなく正しい方法でそれなりの指導者の指導を受けてやられるのがいいと思います。

私は、インドのマハリシという人が考え出したTM瞑想を行なっています。超越瞑想ともいいます。集団でマントラ（真言）を唱えながら行なう瞑想ですが、この瞑想を続けていると、宙に浮くことすらできるようになります。これは瞑想の深さの目安にもなります。

マハリシは超能力という言葉が好きではなく、宙に浮くくらいは人間が歩こうと思えば歩けるのと同じだといっています。確かに、宙に浮いたからといってどうということもないわけで、TM瞑想もそんなことを目的としているわけではありません。もっともっと深い目的があってマハリシは世界にTM瞑想を広げているのです。

一九九二年の四月に、私は米国アイオワ州のフェアフィールドにあるマハリシ国際大学へ行ってきました。そこには一五〇〇〜一六〇〇人が瞑想できる木でできたドームが二つあります。

一つは男性用、他の一つは女性用となっています。

このドームを作るときに、マハリシは宙に浮き上がる人がたくさん出てくるので、途中に止まり木を作ろうとかと考えたという嘘のような話もあります。

宙に浮く話は後程することにして（もちろん現代科学の領域では説明できません）、ＴＭ瞑想をすることがどういう意味を持っているかをここではお話します。

深い瞑想状態に入ると、脳波がα（アルファ）波になり、さらにθ（シータ）波へと変わっていきます。脳波というのは、脳に微小に流れる電流を測定したもので、脳波計で測定すると波形として情報が伝えられます。

その波形によって、α波、β（ベータ）波、θ波、δ（デルタ）波と分けられますが、私たちの日常生活の中で活発なのがβ波、本を読むなど、私たちが俗に言う頭脳活動をしているときによく出る脳波です。

α波は、非常にリラックスしたときに観察される脳波です。瞑想のとき、気功を受けているときなどの脳波がα波です。

θ波は、瞑想でも深い瞑想、気を受けたときも半ば無になったような状態のときに出る脳波です。修業を長く積んだ人の脳波によく見られるといいます。δ波は、熟睡状態のときの脳波です。

瞑想や気のことに触れた本ならどんな本でも、脳波についてのこういった説明はされていますので、読者の方もよく御存知だと思いますが、ＴＭ瞑想をやっていますと、脳波にこれまであまりいわれなかった非常に面白い変化を見せるのです。

マハリシ国際大学のドームで瞑想をしていますと、一人の脳波がθ波になると、これが伝染するかのように周りにどんどん広がっていきます。つまり、一人の脳波が変化したことが呼び水になって、全員の脳波がθ波になってしまうのです。

誰もこの現象を説明した人はいません。

私は、この現象には「念波」が深くかかわっていると考えています。念波というのは、第三章で詳しく説明しますが、見えない世界の謎、つまり超常現象ですが、念波の存在を考えに入れれば、その謎が簡単に解けてしまう根源的な存在です。

念波は、光速のものもあり光より速く進むのもあります。電波なら片道一五〇億年もかからなければ到達しない宇宙の果てまででも、ある種の念波なら一秒以内で着いてしまうのです。

さらに念波の研究を進めていけば、宇宙には私たちの想像を超えた知性があることも分かってきます。私が、神とか宇宙人と呼んでいる存在です。

念波については、お話していると切りがなくなります。詳しくは、第三章を読んで下さい。

瞑想の社会的影響⑵

マントラを唱えながら集団で行なうＴＭ瞑想をやっていると、一人の脳波がθ波になると、その集団の一人ひとりに次々に脳波の変化が見られます。

この現象は、実社会に当てはめてみると非常に面白いことになるのです。

つまり、一人の脳波、これは意識と考えてもいいでしょうが、その変化が周りにも影響を与えるということになるのです。

もうすっかり有名になってしまいましたが、「一〇〇匹目の猿」という話があります。動物学者のライアル・ワトソン氏が言い出したことですが、九州にある幸島という小さな島で、猿が芋を食べるのに海水で洗い始めたことがこの話のきっかけになっています。そして、海水で芋を洗って食べる習慣が広がり、ある一定の数の猿が芋を洗うようになったときに、遠く離れた別の島でも猿が芋を海水で洗い始めたというのです。

θ波が伝染するという話と共通するところがあると思いませんか。

つまり、私が言いたいのは、芋を洗う習慣が伝播していったように、例えば平和を願う人がある一定の数だけ集まれば、その意識が急激に世界中に広がっていくということがありうるということなのです。こういうことが実社会で本当に起こるなら、戦争の問題も、環境の問題も、エネルギーの問題も、病気の問題も、仰々しい運動をしなくても人間の意識が変わるだけで解決できてしまうのです。

ＴＭ瞑想の本質的な目的は、実はこういうところにあるのです。

ロバート・キース・ワレスという人が書いた『瞑想の生理学』（児玉和夫訳、日経サイエンス社刊）には、最終の第六章に瞑想の社会的影響に関する実験的研究の成果が二つ紹介されています。

第一はマハリシ効果、第二はスーパーラディアンス効果です。共に、ＴＭ瞑想による効果をいっています。

第一の方法は、都市の一パーセントに相当する人数で集団ＴＭをすると、その都市内では犯罪率の低下と紛争の緩和が起こるというものです。

ＴＭシディという特殊な瞑想をすれば、都市人口の一パーセントの平方根に相当する人数で同様の効果が得られるというのです。

実際に一九九三年七月にワシントンで世界中から四〇〇〇人の人が集まってTM瞑想をやったところ、犯罪が二五パーセント減ったということがありました。警察も、二五パーセントも犯罪が減るというのは、大雪でも降って犯罪ができなくならない限り考えられないと言っていたそうです。

こういうことが現実に起こっているのです。デモ行進をやったり、武装して戦っても変えられないようなことが、瞑想をして意識を変えるだけで、瞑想をしていないすべてのものにとって非常に好ましく、そして非常に大きな変化を自然発生的に生み出すのです。

それがマハリシの運動の原点なのです。

マハリシは、七〇〇〇人が同時に瞑想をすれば、地球の危機は脱することができるといっています。

こういった考え方は、少しづつ世界に広がっています。

私は、気の世界を研究するに当たって、中川雅仁という気功師に注目しているのですが、彼も伊豆の下田で気功師養成のための合宿を行なっており、二〇〇〇人の気功師を作ることが急務で、それだけの気功師がそれぞれの立場で気の世界を広めれば世界の人々の意識が変わり、地球が素晴らしい惑星に生まれ変わると説いています。

気というと、病気が治るという面でしかとらえられていませんでしたが、ここまで高い次元で気をとらえている人がいたことを知ったとき、私は非常に嬉しく感じたことを覚えています。

こう考えていくと、今後もマハリシや中川氏のような人が世界中に現れ、人々を高い霊性に導いていくという活動を広げていくことが予想できます。

マハリシや中川氏のような人がどんどんと出現するのもまた「一〇〇匹目の猿」現象といえるでしょう。

世紀末は新しい時代への準備段階

ここまで読まれて、世紀末というのが、この二十世紀末の場合は、単に世紀の変わり目というだけではないことがお分かりになったことと思います。

人類の将来にとって、非常に重要な意味を持つ数年間なのです。

人類の長い歴史の中で、今ほど精神世界に人類が目覚めようとしている時代はないと思います。

これは、人類が進んで目覚めようとしているのではなく、やむなく目覚めさせられていると言ったほうが正しいでしょう。

どうしようもない状況に、私たちは追い込まれてしまっているのです。こんなにも現代医学では対応しきれない病気が蔓延し、湯水のように使っていた化石エネルギーの枯渇が現実問題になり始め、さらに化石エネルギーへの依存が引き起こした深刻な環境破壊と汚染などなど。

これまで〝進歩〟とばかり考えてきたものが実は、大変な弊害を秘めていたことに、やっと今になって気づき始めているのです。

これまで人類が蓄積してきた科学的知識は、この問題の解決にはなんの役にも立ちません。逆に邪魔になるだけなのです。

私たちは、真剣に新しい時代のことを考えなければならない時期に立たされています。これまで、人類はさまざまな難局を乗り越えて〝今〟を築いてきました。しかし、今度ばかりは、その体験が生きてこないのです。

天動説から地動説に変わったときのような、いやそれ以上の価値観の変動が求められているといえるでしょう。

これからの数年は、価値観の変動期になります。さまざまなことが起こってくるでしょう。

それらはすべて、人類が価値観を変えるために必要なものです。

凝り固まった二十世紀の常識を覆すための出来事ばかりです。エイズやガンでたくさんの人が死んでいくのも、人類の将来のためには必要だからもたらされることなのです。

そして、その災難（災難という言い方は人類の勝手な言い分でしょうが）を少しでも小さく済ませるためには、一人でも多くの人が一刻も早く、価値観を変えるしかないのです。つまり、目に見える世界を絶対的なものとせず、目に見えない世界、気とか霊とか魂といった存在を重視できるような生き方への転換です。これが、早くなされなければいけないというのが、今という時代なのです。

自画自賛になりますが、本書はまさにそのお手伝いができる内容になっています。よく嚙みしめてお読み下さい。

不良人類から優良人類へ

最近、いろいろなところから講演の依頼があるのですが、そのときに「地球人は不良人類です」と話しますと、どっと笑いが起こります。

地球人は最高の知的存在だと考えている人たちの「何を馬鹿なことを言って」という笑いなのかもしれませんし、「私は不良だったんだ」というあっけらかんとした感情からの笑いかもしれませんし、あるいは「やっぱりそうか」という確認の笑いかもしれません。

それはともかく、地球人というのは「不良人類」という名前にふさわしく、大してレベルの高いものではないということを覚えておいて下さい。戦争をしたり、お金のために人をだましたり、嘘をついたり、つまらない名誉に振り回されたり、地球人のやることを見ていれば、レベルが高くないことは一目瞭然です。

地球人は不良人類ですが、これは宇宙のランクから見れば下から二番目に位置します。ランクの低い順番に並べてみると次のようになります。

(1)未開人類　(2)不良人類　(3)霊界人
(4)優良人類　(5)上級人霊　(6)高級霊人
(7)高級霊　(8)聖霊　(9)神々　(10)大神

不良人類の上にある霊界人は、地球人が死んでから行くいわゆる霊の世界です。地球人は不良人類であるといいましたが、もっと正確に言えば、不良人類から優良人類に格上げされようとしているところなのです。

一九六〇年に、格上げが決まったそうです。

ですから、最近の子供はどこか違っているはずです。超能力や気のことを非常にスムーズに受け入れるようになりました。同時に、子供自身が超能力を操れるようになってきたのです。

テレビでも、手で字や絵を読むことができる子供たちが紹介されましたが、一人ができると次々に手で字を読み始めます。あれも「一〇〇匹の猿」現象の一つでしょうが、確実に子供たちが進化しつつあることを物語っているのです。

つまり、優良人類というのは、超能力を持った無邪気な子供たちのような存在だと考えればいいでしょう。

地球人が、完全に優良人類に格上げされたとき、私たちにとって、今現在、超能力だと騒いでいることが当たり前のことになるのです。そして、誰も努力をすることもなく、必要なものは確実に手に入る時代になるのです。

その時代に生きる資格を今は問われていると考えていいでしょう。嘘も我欲も虚栄も通用しなくなる時代が間もなく来ようとしているのです。

宇宙情報系から教えられた魂の階級表

	経験年数	次元					
		無限∞	7	6	5	4	3
創造主	10^{∞}	●					
神々	10^{12}		●				
聖霊	10^{11}			●			
高級霊	10^{10}				●		
高級霊人	10^{9}				●		
上級霊人	10^{8}					●	
優良人類	10^{7}						●
霊界人	10^{6}					●	
不良人類	10^{6}						●
未開人	10^{3}						●

私たち、地球の人間のレベルは「不良人類」ですが、波動が少しずつ変わっています。そして、2025年には、霊界人（魂の世界に住む人）の世界を飛び超えて、完全に「優良人類」になるということです。

私たちの高次元の存在を比較してみると、アマテラスオオミカミは高級霊あたりだということです。神と名のつき進化した祖先たちは、聖霊よりも下に属しています。創造主や神々となると、もはや名づけようのない存在となります。

気が果たすべき役割

気のことをみなさん御存知でしょうか。言葉として聞いたことくらいはあるでしょう。「中国のあれでしょ」とか、「病気が何でも治っちゃうやつでしょ」とか、「触らないでも人を吹っ飛ばししまうやつ」といった認識くらいはあると思います。しかし、それ以上のことは誰もあまり知ってはいません。

最近は、気がブームになって気のことを研究し始めた科学者もいますが、それにしても思考が三次元的で、それではなかなか本質に迫れません。

従来の私たちが慣れ親しんできた手法や考え方では、なかなか正体に近付けないのが気の大きな特徴なのです。

こういった従来の常識を壊した存在であるところに気の大きな役割があると、私は考えています。

今、時代が大きく変わろうとしています。それは人間そのものの変化でもあります。しかし、何も力が働かずに変化するというのはまず不可能でしょう。変化を促進する触媒のようなものが必要になってくるのです。

それが気なのです。

今のところ、気は中国の気功に代表されるように、病気を治したり、健康を維持することで注目を集めています。

私も、中川氏が伊豆下田の沖ヨガ道場で開催している「医療気功師養成講座」へ毎月顔を出しては、一時間半ほどの講義をさせていただいています。

この合宿には、あらゆる病気がそろっているのではないかと思わせるくらい、たくさんの種類の病気に苦しんでいる方が来られています。

ほとんどが、現代医学に見放された人たちです。気が最後の命綱といった気持ちで来ているのでしょう。

そういった人たちが数日でどんどん良くなっていくのです。

こういう効果があるからこそ、気が大きな話題を集めたのでしょうが、とにかく、これまでの価値観からすれば〝奇跡〟と思えるようなことがここでは当たり前のように起こっているのです。

これは強烈なアピールでしょう。気の存在が、病気治しを通して強烈に見せつけられるのです。

気で病気が治った人は、それまで困りきっていただけに、どんな名医だといわれる人を訪ねても治らなかっただけに、理屈抜きで気のことを信じ、目に見えない世界に目覚めていくはずです。神をもちだしたとしても、必ずしも宗教を問題にしているのではありません。

ここに神の意図を感じずにはいられないのです。

気という神の世界に近いものを見せつけ、それを受け止めた人が、神の意思に目覚めていくというわけです。

ですから、神にしてみれば、気による病気治しは手段にすぎないのです。見えない世界に目覚めさせる手段なのです。

気は、さらにどんどんと活躍の範囲を広げています。気で回転するモーターが開発されていることを御存知でしょうか。これが実用化されればどうなるでしょう。エネルギーがただで手に入ることになるのです。

さらに、公害の問題もクリアされていくでしょう。

病気、公害など、私たち人間がが困っていることが気によって次々に解決していくのです。

気によって、地球がどんどん住みよくなっていくのです。

しかし、気の役割は、病気を治したり、エネルギー問題を解決したりすることではありません。あくまでも根本にあるのは、人間の意識の向上なのです。

来世紀になれば、病気も公害も戦争もない世の中になります。これは、神のプログラムで決っていることです。これだけは、シナリオの書き換えもないようです。

しかし、そんな時代を迎える前の数年が問題なのです。この数年で私たちは、次の時代に生き残れるだけの魂かどうかが試されているのです。

そんな時代であることを、神は気を通じて教えてくれているのです。

そのことに早く気づくことが大いなる宇宙の意思に従うことなのです。

この章では、今がどういう時代であり、私たち地球人がどういう状況に置かれているかについて述べました。霊能者の話のようだと思われた人もいるでしょう。

もちろん、私は霊能者ではなく科学者です。しかし、科学者が優れていて霊能者はいい加減だという考え方はいかがなものでしょうか。霊能者のような人が霊的な世界から受けたメッセージは、これからはとても重要になってきます。科学者が何日も徹夜の実験を繰り返してやっと出した結論よりも、霊能者が眠っているときに夢で教えられたことの方が真理だということはいくらでもあるのです。必ずしも鵜呑みにしているわけでもありません。

そういう意味で、私は霊能者の話には真剣に耳を傾けます。その方が真理に近付くのにはるかに早いからです。

第二章からは、もっと科学的高次元である言葉を使っていこうと思っています。しかし、内容は従来の科学とはレベルがまったく違うことは頭に入れておいて下さい。

新しい時代への入り口に私たちは立っているのです。いつまでも古い価値観にしがみついていては、時代の流れに取り残されてしまいます。

それが、第一章の結論です。

第2章　気は光である

写真に気が写った

気を説明するとき、最も困るのはそれが目に見えるものではないということです。写真にでも写ればいいのにと思われる方も多いでしょうが、私もその一人でした。気を何かヴィジュアルな面で訴える方法はないものかと考えると、最も都合いいのは写真に写ることでしょう。そうすれば誰もが気の存在を理解できるはずです。

心霊写真とか念写という現象があるのですから、気が写真に写っても不思議はありません。私のもとには毎日のようにたくさんの情報は集まってくるのですが、残念ながら、まさにこれが気だという写真は現れてくれませんでした。

そんなある日、気功師の中川雅仁氏が私の主宰する加速学園へ来られ、無造作に何枚かの写真を出して見せてくださったのです。

それは普通の紙焼きにした写真を拡大のカラーコピーにしたものでした。

私は食い入るように、その一枚一枚を見ました。

「これはですね、スイスのピラミッドハウスを撮ったものです。真ん中を真っ白い光が走っているでしょ。これが気ですよ」

という具合に中川氏は写真の説明を次々にしていかれたのですが、どれも非常に興味深いものばかりでした。

二十枚以上あったかと思います。一度にこれだけたくさんのエネルギーが写った写真を見せられたのは初めてのことでした。中川氏の許可を得て、本書でもそのいくつかを紹介させていただきます。

白い光が写真の真ん中を上から下へ走っているもの、天井から垂れ下がっているように見える白い光、下からニョキッと竹の子のように延びている白と赤の二本の光、天井を覆った真っ黒な光などなど、間違いなく何か必然性があって写ったとしか思えない種類と量の光の写真が、中川氏の手元にはあるのです。

もちろん光といっても、写真に写っているものは、目に見える光ではありません。カメラで撮って始めて私たちの目に見える形で現れてくれるものです。

エネルギーが高いということは、光るという現象を伴っています。エネルギーがカメラの中で、その光を発散するため、写真に写るのではないでしょうか。

気がなぜ写真に写るのか、そのメカニズムについては、念写のところで詳しくお話したいと思います。

手から出る気

中川氏の見せてくれた気の写真で、最も驚かされたのが、中川氏の手から光が出ているのが写っていたものでした。

それは、スクリーン上に気を送っている中川氏が写っているところをカメラで撮ったというものです。その写真ですが、非常に薄くではありますが、よく見ると彼の左手からは光が螺旋状に飛んでいるのがはっきりと見えます。右手はどうかと目を凝らしますと、そこには粒子となって飛んでいる光が見えたのです。

私がなぜ驚いたかといいますと、この写真を見る十年も前になりますが、気には二種類あって、一つが螺旋状のに飛ぶもの、もう一つが粒子で飛ぶものだということを拙著『サイ科学の全貌』の中で記したからです。

これはウイルヘルム・ライヒという有名な生理学者が、どうも彼は超能力者だったらしいのですが、ある本の中で言っていたのを私が記憶していて紹介したものです。私としても、自分で見えるわけではありませんから、絶対という確信はありませんでしたが、それが写真という思いもよらない最も効果的な形ではっきりと証明されたわけです。

ライヒは優秀な学者でしたが、自分の持っている超能力のためにひどい迫害を受け、監獄の中で亡くなりました。彼が、この写真を見ればどんなに喜んだろうかと思うと、生まれる時期が早かった彼に同情せざるを得ません。もっとも、彼の苦しい思いと研究があったから、今、こうやって気の世界にスポットライトが当てられていると考えれば、彼がその時代に存在したことは非常に重要なことになってくるのですが。

ライヒだけではなく、たくさんの先進的な科学者の考え方が、進んでいるばかりにひどい目にあってきているでしょう。私も、先人の比ではありませんが、見えない世界を口にするだけで随分と白い目で見られてきました。今の科学というのは、どうしても目に見えるもので証明しなければ周りの納得を得ることができないものなのです。

私は、分からない人には分かってもらわなくてもいいという態度で研究を続けています。しかし同時に、世紀末という大変な時代を迎えているわけですから、何とか少しでも分かりやすい形で、私の持っている情報を伝えてあげたいという気持ちはいつも持っていました。

こうやって、私の理論が、写真という形ではっきりと証明されたことは、私の思いが天に通じたのだと、感慨深い思いだというしかありません。

もっとも、これだけの写真を見せられても、インチキだ、たまたま光の加減で、といって無視しようとする勢力はたくさんありますが、それはそれでいたし方ないことでしょう。そういう方々にもいつか本当のことが分かる日がくるはずです。病気になってから、あるいは死んでしまってからということになるかもしれませんが。

無邪気だと気の写真がとれる

この気の写真ですが、実は誰でも撮れるというわけではありません。それにいつでも撮れるというわけでもないのです。

中川氏を長く追っかけているジャーナリストで、何枚も非常に興味深い気の写真を撮っている方がいるのですが、その人は自分でも気の治療ができるようになってからよく撮れるようになったこと、狙って撮れるものではないことを話してくれたことがありました。

狙っていると逆に撮れないというんですね。最初何枚か撮れると、次も撮ってやろうという欲が出てくるそうです。そんな欲があるときはまず写らないというのです。

中川氏のお弟子さんでも、何人もの人が写真で気を撮っています。しかし、何度か撮るうちに写らなくなったという人が多いようです。それは、写してやろうという邪心が生まれたからでしょう。

気は、人間の意識に非常に大きく影響されます。気が意識を選ぶといってもいいかもしれません。

我の強い状態の意識には、気はなかなか近付こうとしないのです。あくまでも無邪気であること。これが気の最も好む状態なのです。文字通り邪気の無い状態が、無邪気なのですから。

ここで気の写真が撮れる状態というのをまとめておきますと、まず写真を撮る人自身の気のレベルがある一定以上であること。治療ができる程度のレベルでいいのではないでしょうか。これが一つ。そしてもう一つ大切なのが、気の写真を撮ってやろうという邪心を持たないこと。何気なく撮った写真に気は写っているものなのです。

つまり、気楽に写真を撮っていれば、気のレベルが上がったときに、偶然に写っているというのが、気の写真の撮り方といえばいえるでしょう。

しかし、撮れたから偉い、撮れないからレベルが低いというものでもありません。まず、そういう考え方をする人は、気の写真なんか撮れないし、撮れたとしても一回、二回のことで、

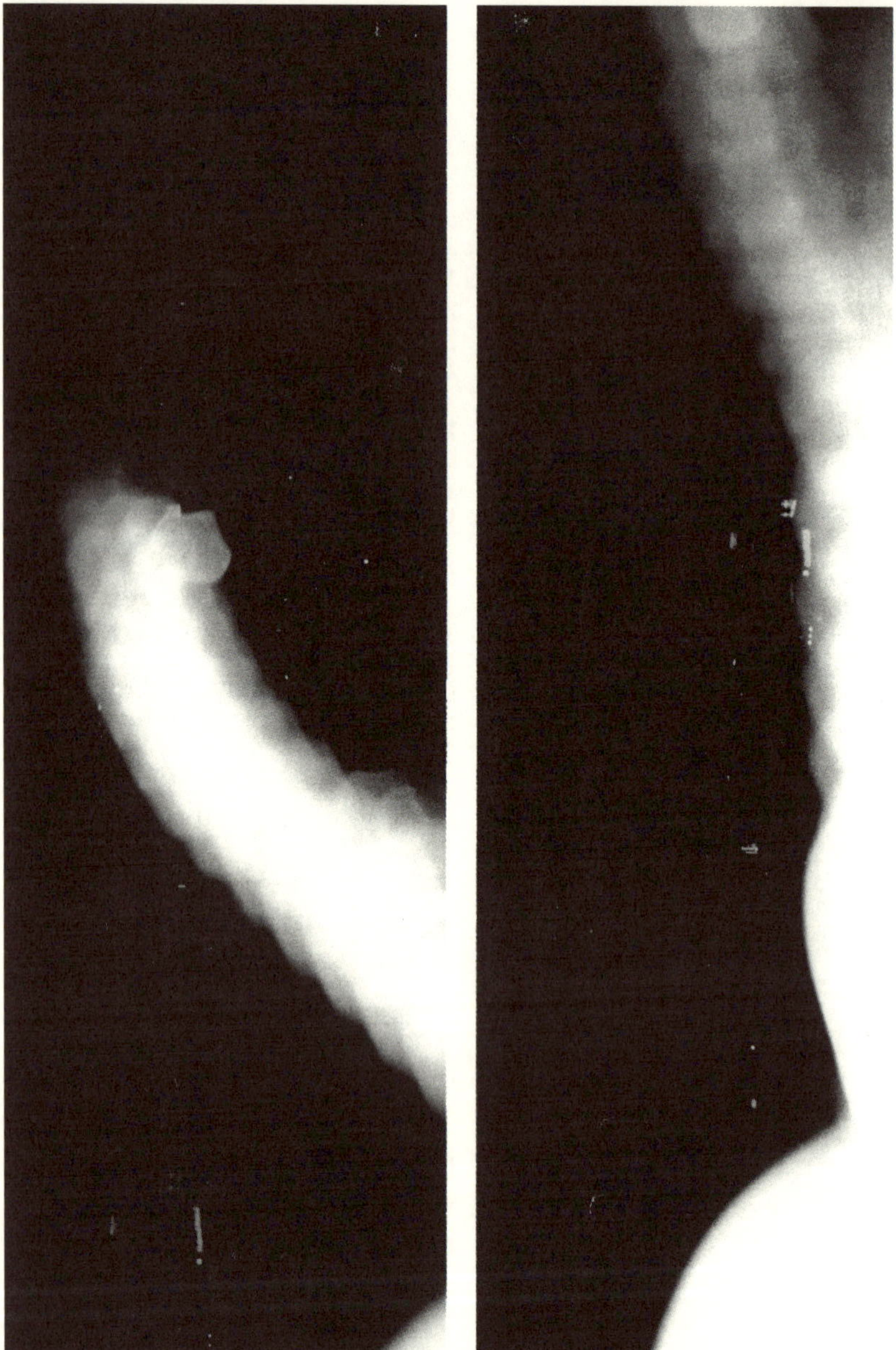

▲中川雅仁さんの弟子が写した気の写真。香港の夜のもの。

そのうち撮れなくなってしまいますね。

気をたくさん取り入れた人は、オーラが見えたりすることがあります。オーラが見えるのと、気の写真が撮れるというのは、非常に似ている現象でしょう。

オーラが見えるというのは、気の光に自分の目が反応することです。写真が撮れるのは、カメラを通じて光を感知するわけです。

感知する道具が違うだけで、能力としては同じものと考えられます。

オーラが見えるのは、気をたくさん取り入れると、網膜に気で構成されたもう一枚の網膜ができて、そこで気が発光するために起こる現象ではないかと推測しています。

オーラというのは、病気とか性格の診断に非常に役に立つもので、オーラの形や色によって、その人の現在の状態が分かるものなのです。

色でいえば、白はいい気でしょう。黒とか赤は、病的なもの。気分のいいときは緑色のオーラが出ます。

また、形でも歪んだものは病的です。昔から「気違い」という言葉がありますが、これはまさに気が歪んでいる様をいったわけです。

ですから、気が違った、つまり歪んだ人は、その歪みを治してあげればいいんです。そうすれば簡単に治ってしまう。いくら薬を飲んだって治らない。薬では気の歪みは治せませんから。必要なのは、気の治療なのです。

驚くべき念写の実際

超能力ブームの火つけ役になったスプーン曲げは、念力による作用です。同じように、念によって、フィルムを感光させるのが念写という現象です。

念というのは、ここでは気のエネルギーと同じものと考えておいて下さって結構です。しかし、気はあまり念じすぎると近付いてこないことを考え合わせると、念と気は矛盾する存在ともいえるかもしれませんが、そのことはおいおい考えていくことにしましょう。

超能力者が、頭の中で何か物体や文字を思い浮かべる。そして、そのエネルギーをカメラに向かって送ると、シャッターも切ってないのに、フィルムには超能力者が思い浮かべた物体や文字が写っている。念写というのは、そんな現象をいいます。

念写を世界で初めて発見したのは、東京帝国大学助教授の福来友吉博士でした。明治四十三年のことです。

当時、福来博士は、催眠心理学の研究をするために、長尾郁子という判事夫人の透視能力の研究をしていました。いろいろな実験を重ねていたようですが、偶然の機会から念写現象を発見することになったのです。

それは次のような経緯で発見されました。

福来博士は、長尾夫人が箱の中や封筒に入れた文字を透視してしまう能力を確信しますと、今度はもっと進んで、未現像の原板の文字は透視できないかと考えるようなりました。そして、「哉天兆」という文字を二枚撮影して、未現像のままで別々に厳重に密封し、片方を長尾夫人に送り、もう一枚を自宅に保管しました。

長尾夫人は、「哉天兆」の透視を見事に成功させました。ところが、後で二枚の乾板を現像してみると、長尾夫人に送ったほうに薄い光が感光していたのです。

福来博士は、「透視のときに強い精神力が働いて、それが感光したのではないか」と推理し、念写に興味を持ち出すのです。

念写の実験が長尾夫人を使って行なわれました。まず「心」という字を紙に書き、それを長尾夫人が念写するつもりで念じました。そうすると、心という文字になりかけた像が写真には写ったのです。これこそが世界最初の念写でした。

その後も実験は繰り返され、図形や文字の念写が成功するようになりました。福来博士の念写の実験で最も有名なのが、嵯峨公会堂で行なわれた三田光一氏の念写実験です。この日集まったのは、四〇〇名あまりで、その大部分は知識階級の人たちだったと伝えられています。

実験に用意されたものは、聴衆のチェックを受けた一ダースの乾板と、念写のテーマ「大覚寺の般若心経殿」でした。そして、念写は一ダースの乾板のうち六枚目にされることに決められました。

実験に先立って、福来博士は実験の予測をコメントしました。そのコメントは次のようなものでした。

「まず、これで実験の準備は整いましたが、そこで私は私の感ずるところを参考のために申し上げます。

念写題目は、『大覚寺の心経殿』と決まりましたが、私はそのほかに大師の御尊像が現れるのではないかと思います。今日の会合は大師のために開かれたものですから、その因縁によりて私は大師の御姿が念写に現れるであろうと信じます」

ここで博士の言う大師というのは、弘法大師のことです。

実験は、午後三時十分から始められ、三田氏は聴衆の目の前で、乾板を持った筒井町長と約二間半の距離を置いて座り、三時二十五分に実験を終了しました。

その結果ですが、問題の六枚目の乾板には何も現れていませんでした。しかし、なぜか七枚目が真っ黒に感光していたのです。

ほかの乾板が無感光なのにもかかわらず、七枚目だけが真っ黒になっているというのは、写真の専門家も説明できないことです。明かに、念の影響で感光したとしか考えられないことです。

そして、福来博士の言った弘法大師の姿ですが、聴衆の中にいた写真術の名人のアドバイスで、真っ黒に感光した写真乾板をもう一度処理することになりますが、再処理のあと驚くことに、その姿がはっきりと現れ出てきたのです。

常識ではありえないことが、四〇〇人もの聴衆の前で実際に起こったのでした。

月の裏側が念写で写った

念写の話をもう少し続けたいと思います。

福来博士は、この後も違う超能力者を使って実験に成功しているのですが、これだけの事実を見せても、なかなか信じようとしない人はたくさんいるもので、福来博士の実験も世間からは、まやかしだという白い目で見られることが多かったといいます。

それで、博士は、誰もが知っているものではなく、「誰も見たことのないものを写してみてはどうだろうか」と考えるようになりました。

そして、月の裏側を念写で写してみようということが決まったのです。

御存知のように、月は地球にいつも同じ面を向けています。だから、誰も月の裏側を見ることはできないのです。もちろん、ロケットで飛んでいけば見ることができるのですが、この実験が行なわれたのは昭和八年のことですから、とてもロケットで月の裏側へ行くということは考えられない時代でした。

念写実験は、弘法大師を念写した三田光一氏によって行なわれました。一ダースの乾板の六枚目に月の裏側を写そうという実験です。

三田氏は、集まった数百人の前で、乾板から数メートル離れて数分間念写し、すぐに岐阜警察署署長の立会いのもと現像しました。するとどうでしょう、見事に月の裏側が写し出されていたではありませんか。

この月の裏側の念写写真は飛騨高山にある福来記念館と仙台の福来心理学研究所に保存されています。そして、その念写写真が本当に月の裏側を写しているかどうかは、後にアメリカのNASAが発表した月の裏側の写真と念写の写真を前工業技術院長の後藤以紀博士がコンピュータで分析し比較すると、クレーターの位置の多くが一致していることが分かりました。

まったく驚くべき事実としかいいようがありません。

見たこともない月の裏側を念写するということは、文字や図形を念じて写すという単純な念写とは意味合いが違います。見たこともないものですから、超能力者が自分の頭だけで念じようとしても、念じようがないのです。念の力だけではなく、もっと大きな何ものかの力が働いているとしか考えられません。

弘法大師が現れたのも、何か大きな力を感じさせるものです。

超能力を、個人的なレベルではなく、もっと宇宙的に考えるためにも、この実験は非常に大きな意義があると思います。

月の念写実験に関しては、丹波哲郎著『霊人の証明II』(三田光一)中央アート出版社刊を参照されたい。

念写のメカニズム

念写がなぜ可能なのか、福来博士は次のように言っています。ちょっと長くなりますが、福来博士の弟子であり、研究家である山本健造氏（福来博士と山本氏はまったく面識はありませんが、文通でお互いの考えを交換したといいます。山本氏は福来博士の信者ともいえる存在です）の『念写発見の真相』から紹介したいと思います。

「念写の起こるメカニズムに関しては、まだ不明である。けれども、実験によって、ともかく感光膜上の粒子に、光化学反応とひとしい反応を起こさせることには違いない。と言って、念が光粒子そのものではない。なぜなら、念は鉛の膜を通しても作用するし、また表面に作用せずに内部に作用することができるし、かつまた距離を超越して選択的に任意の作用ができるからである。けれども重要なことは、その作用の結果が光粒子のそれとひとしいことである。ここから心霊写真に関する新しい説明がなされる。心霊写真と称されるもののなかには、トリックによる偽物があるけれども、また確かに真の心霊写真というものがあるということは、まったく真実であって少しも疑う余地がない。ところでその事実に関しては、古来二つの説が対立している。一つは幽霊説であり、写真の焦点に相応する位置に幽霊が実在していて、そこからくる光線がカメラ内のフィルムに像を結んで感光したのだという考えである。しかし、念写がレンズなしでできるということ、またカメラの前に実際に幽霊が存在していたという証拠が成立しないから、幽霊説は不当である。もう一つの説は精神説である。この説明によると、観念が自我の外に出て作用し、物質化によって自己の体を構成する物質をそこに創造して姿を見せ、その姿に反射してくる光がフィルムに感光するのだという。けれども実際には姿が見えずして写真に写る場合があるのだから、これもまた適当な説明ではない。念写によれば、この点がよく説明できる。つまり心霊写真も一種の念写であり、念がフィルムに作用して姿を現すのである。したがって姿が見えないでも写真に写るのである。ところが実際に姿が目に映じ、しかもそのとおりに写る場合がある。これは実在する幽霊から反射してくる光粒子がレンズを通してフィルムに感光するのだと一般に考えられやすいが、念写説によるとそうではない。つまり幽霊としてだれにもみとめられるものは、実際にそこに物体があるのではなくして、念がわれわれの網膜、あるいはその他の視覚器官にはたらきかけて、そこに自己の姿を見せるのである。つまり写真のフィルムと同じくわれわれの視覚系統に念写しているのである。目に映じた幽霊の姿はわれわれの感覚に対する念写であり、実在ではない。だから人によってこの念写を受けない者には、いっしょにおりながら、その幽霊を見ることができない。このような場合は、しばしば報告されている。念写説の結果として心霊写真を撮るのにカメラは不要なことになる。実際に、ウイリアム・ホープが撮る心霊写真に対しては、カメラなしで撮ることを提案し、成功している。ただし念写は念の作用であるから、霊媒があくまでもカメラが必要と信じていれば、カメラを使わなければ撮れない。観念のもち方しだいでいかようにもなるのである」

興味深いお話です。しかし、福来博士はこのような大発見をしながら、世間の誤解と批判にさらされ、東京帝国大学を追われることになってしまったのです。

しかし、最近になって、念写を真剣に研究しようという科学者も現れ、念写の事実を確かめるところまで研究は進んできています。

念写協会の宮内力氏は、ポラロイドカメラのレンズの部分をとり、ただのフィルムの箱にしたものに念写をして、フィルムが念によって感光することを確認しています。さらに、その箱の中に光ダイオードを入れてみましたが、念写をしたときに、光ダイオードに電圧が発生することを突き止めました。つまりこのことは、光が発生することを意味しています。

また、電気通信大学の佐々木茂美教授は、この箱の中にたくさんの光ダイオードを入れて実験しましたが、中で発生した光が動くことを確認しています。

念写の存在は確実に証明されています。

しかし、まだどうしてなのかは分かっていません。残念ながら、現代科学の範疇では解明できないことでしょう。

キルリアン写真で気を写す

気を写真に写すというと、高電圧を利用したキルリアン写真がよく知られています。これは、念写と違って、特殊な能力がなくても、その人が持っている気が指先からほとばしっているのがはっきりと写ります。

このキルリアン写真を使うと、気功師とそうでない人との差がはっきりと出ます。気功師の指先をキルリアン写真で撮ると、そこからはすごい勢いで光が発しているのが分かるのです。

さらに、キルリアン写真を分析していくと、光の出方によって、その人の持っている気の種類まで分かります。病気の種類や性格まで分かってしまうのです。

キルリアン写真の元祖は、ユーゴスラビア生まれで後にアメリカへ移住して電気の発明家になったニコラ・テスラ（一八五六〜一九四三年）です。彼は、幼い頃から母親にＥＳＰ教育を施されたといいます。そのため、成長するにつれて超能力者としての才能を発揮し始め、有名なテスラ・コイルをはじめたくさんの発明をすることになるのです。

そして、このテスラの発明を発展させたのが旧ソビエトのキルリアン夫妻でした。彼らは、長期間同じ実験を続け、病気の診断などにこの写真が役に立つことを実績として作りました。このことから、この写真がキルリアン写真と呼ばれるようになったわけです。

キルリアン写真は、一九六八年の夏、二人の女性ジャーナリストの報道によって、世界中に知られることになりました。彼女たちが報道したのは、キルリアン写真で明かになった幻葉現象（ファンタム・リーフ現象）についてでした。

幻葉現象というのは、ナイフで切ったはずの葉の部分が、キルリアン写真にちゃんと写るという不思議な現象をいいます。

現在のキルリアン写真の第一人者といえば、アメリカＵＣＬＡのセルマ・モス博士ですが、私は何年か前にモス博士に会い、キルリアン写真のこと、幻葉現象のことを詳しく尋ねる機会がありました。そのとき、モス博士は彼女が撮った幻葉現象の写真を見せてくれ、さらにもっと興味深い話を聞かせて下さいました。

それは、キルリアン写真でなくて、まったく電圧をかけないで撮った写真でも幻葉現象が撮れるという話でした。

つまり、植物の放射される気がフィルムに感光するということが博士の実験では証明されたわけです。彼女は、暗いところで被写体をフィルムから数センチ離して、数時間から十数時間かけてその像を得ています。

モス博士の実験で、もう一つ興味深いものがありますので紹介しておきましょう。

それは、二人以上の指を同時にキルリアン写真で撮影することで、お互いの心理状態の変化が分かるという実験です。

モス博士は、私のために研究室で映画を使って、その実験結果を説明してくれました。

「これを見て下さい。一枚の写真に男女二人の指が写っています。これは、二人がキスをしているときのものですが、この瞬間には、二人の指先からのオーラが、ずっと延びて、お互いに包み込むようになっているのが分かるでしょう。

それから、これは気に入らない同士のキルリアン写真です。指の間のブリッジというつながりが切れているのがよくお分かりになると思います」

つまり、二人が温かい感情を持ち合っているときには、二人の指から出るオーラはどんどん近付いて接するようになります。逆に敵意を抱いているようなときには、二人のオーラは離れてしまうのです。

この現象は、四人の家族を測定したときも起こりました。父、母、息子、娘の四人家族で写真を撮ったのですが、娘だけ指先からの放電がありませんでした。それで、いろいろと事情を聞くと、彼女はノイローゼで食欲がほとんどないという状態だったということが分かりました。人間の心が、気に大きな影響を与えていることがこの実験でもよくお分かりになるでしょう。

どんな検査機械でも分からなかった病気がキルリアン写真で分かったという例もたくさんあります。気が病気の情報を外部へ知らせてくれているのです。ロシアだけでなく、ブルガリア、ハンガリー、チェコスロバキア、ドイツなどで、このキルリアン写真の医学への応用の研究は進められています。残念ながら、日本ではそのような研究をしようという科学者は皆無に近く、あくまでも見える世界しか追いかけない狭い領域の研究しかなされていない現実は、科学先進国と胸を張るには恥ずかしいのではないかという気がして仕方ないのは私だけでしょうか。

気は光である

気が写真に写ることは、中川氏が持っているたくさんの気の写真を見れば納得できるはずです。そのことを考えると、ある特殊な能力を持った人が念によって、そのエネルギーがフィルムに感光したとしても、決して不思議でもなんでもありません。

先ほど、気を写してやろうという思いを持つと逆に気が写らなくなるというお話をしました。念というと、どうしても写してやろうという思いと同じように考えられます。だから、私は気と念は矛盾するものだという疑問を持ったわけです。

しかし、そういった疑問は私たち凡人だからこそ抱く疑問のようです。

とにかく少なくとも、写してやろうという力みは気にいい作用を及ぼしません。力むのはよくないことなのです。気の写真を写してやろうというのは、これは間違いなく力みです。

それなら、念の場合はどうでしょうか。私たち凡人が念じるという場合は、これはどうも力みになりそうです。しかし、超能力者の場合は力みじゃないんですね。彼らにしてみれば当たり前の能力で、いつも自然体で発揮できるものなのです。

気功師でもそうです。能力のある気功師は、余計なことを考えず自然体で治療の体制に入ります。しかし、多くの気功師がいうのは、この人の病気を治してあげようと強く念じるということです。これは力みにつながります。力むといい気は出せません。つまり、念じようと考えた時点で、その気功師は限界を自分で作ってしまっているのです。

「気で病気が治るのは当たり前だと思っていますから、気楽にやっていますよ」

というのが、中川氏の気への考え方です。まったく力みがなく自然に気を扱っている。

これが最も大切なことなのです。

念にしても一生懸命念じているようでは、そのレベルはたかがしれています。あくまでも自然の状態で念が生じ、それがフィルムに影響を与える。そういうレベルの念を、私はお話しているると解釈して下さい。

さて、話が逸れましたが、気が光であるということを、写真に写るという事実からお話してきました。

今までの研究で分かっているのは、気の周波数は十の十四乗、その波長は十のマイナス十二乗ですので、移動速度は毎秒百メートルとなります。また、気の粒子の大きさは十のマイナス八乗センチメートルで割合に大きいのですが、それは可視光線の波長の数千分の一ですから、もちろん普通の目では見えませんが、特殊な目には見えるものと十分想像できるのです。

それが、カメラで撮れば写る場合があるというわけです。

この現象を、私は次のように解釈しています。

気は非常に高いエネルギーです。どんな難病も簡単に治してしまうほどの強力なエネルギーがあります。高いエネルギーは光を発します。カメラの中に気が入り、それがエネルギーを放散する。そしてそのときに光を発し、フィルムが感光するのです。

前出の福来博士は、意識がカメラに入って発光するといっています。これは非常に重要な証言だと思います。

実は、気というのは意識を持ったエネルギーだということが何人かの科学者が言っています。私も、その表現は適切だと思います。つまり、何らかの意識が何らかの意図を持ってカメラに入り込み発光してフィルム上に像を作り出すのです。

中川氏の写真の中に、イルカの形をした光が壁にはっきりと写っているものがあります。イルカ好きの女性数人が泊まった部屋で撮った写真に写ったそうですが、私はイルカが好きな女性たちの思いにつられてイルカの意識がその部屋までやってきたのだと考えます。そして、そのイルカの彼女たちへの親愛の情を込めた意識がカメラに入って発光したのがその写真なのです。

気の持った意識の発光現象が、いわゆる気の写真ということになるのでしょう。あるいは、意識そのものが光だということもいえるかもしれません。はなはだあいまいなことしか言えなくて申し訳ありませんが、少なくとも気と光の間には大きな関係があることだけは確かなことです。

気による治療を見ていても、気が光であるということは分かります。気と霊というのは密接な関係があります。気の治療中、患者にとりついた霊が顔を出すことがあるのです。それは、霊媒を通して出てきたり、病人本人が喋り出したりしますが、そのときに霊が決っていう言葉が「まぶしい、まぶしい」なのです。

霊的な存在になると、気の光を見ることができるのでしょう。きっと強烈な光を霊は感じていると思います。そして、その光によって成仏できない霊が浄化されていくのです。

気と光の関係は非常に興味深い研究テーマです。この研究を進めるに当たって、中川氏の持っている気の写った写真というのは、非常に大きな手掛かりとなるでしょう。

科学者が真剣に取り組むべきテーマだと思います。私も、中川氏と共同で気と光の関係について は解明できるよう努めます。何か進展があれば、必ずお知らせすることを、ここでお約束しておきます。

第3章　現代科学とサイ科学

統合科学への道

私は、サイ科学という「科学者らしくない」領域の研究をしているからか、科学者仲間から非常に奇異な目で見られることが多くあります。

また、雑誌の取材などでも、「どういったきっかけで、こういう（変な）世界へ足を突っ込まれたのですか」という質問を受けることがよくあります。取材者は、私がＵＦＯにさらわれたとか、幽霊を見たとか、そういった類の体験をきっかけとして見えない世界に興味を持ち出したという話を期待しての質問なのでしょうが、残念ながら私にはそのような、暇人に受けるような楽しいエピソードは何ひとつありません。

あえて言えば、研究領域を、目に見えない世界にまで広げたにすぎないのです。そして、研究領域を広げるに当たって、何ら特別な体験は必要ないことをここではっきりと言わせていただきます。つまり、本当の意味での科学的な態度を持っていれば、誰もがその必要性を感じるはずなのです。

私の場合、ハワイ大学で教授として働いていたことが、研究領域を広げる大きなチャンスになりました。アメリカの大学の図書館は日本の大学とは比べものにならないくらい充実しています。ハワイ大学にも、目に見えない世界を研究した文献がたくさんありました。私は、毎日図書館へ通っては、そういった種類の本を読みあさりました。

マックスウェルが一〇〇年前に書いた本が図書館で読めたりするのですから、勉強する気になれば、どこまでも深く進むことができるのです。

中には、エジソンが霊界と通信できる機械を開発しようとしたといったことが書かれていたりするので、最初は「本当かな」と思ったりもしましたが、次第に私たちが、非常に偏った見方しかしていないことに気づかされました。

世の中は不思議なことだらけで、現代科学はそのことを無視することによって成り立っているということが分かってきたのです。自分たちの分かる範囲のことしか研究しないのが現代科学における科学的態度なのです。分からないことはないものとしてしまう、驚くべき横暴さが現代科学にはあるのです。

そこで私は、これまで私が勉強してきた現代科学に目に見えない世界をも対象とする科学をプラスし、統合科学として研究領域を広めたのです。

統合科学の研究は、当然ながらこれまでの研究態度では対処しきれるものではありません。

超能力だとか霊といったものも研究対象にするのですから、これまで無視を決めこんでいた超能力者や霊能者の話も積極的に聞くようになりました。

そうすると、さまざまな超常現象の存在がはっきりとしてくるとともに、その解明についても決して不可能ではないことが分かってくるのです。

幽霊の正体は？　ＵＦＯはどうやって地球にやって来るのか？　超能力を開発する方法は？　さらにはもっと根源的な問題である、人間は何のために地球上に生まれてきたのか？　といった問題にまで、科学的に（統合科学として）迫れるのです。

光よりも速いものも存在し、電子顕微鏡でも見えない小さな物質も存在するのです。

そうでなければ、私たちの現実世界で起こっていることさえ、そのほんの一部しか見えてきません。

なぜ、気で病気が治るのか？　現代科学で解明できますか。解明できないから、現代科学では気の存在も認めたくない。しかし、現実として、難病がどんどん治っていく。現代科学は、心理的な作用（プラセボ効果）だ、催眠だ、暗示だと、自分たちの分かる範囲での説明を試みていますが、それでは決して十分な説明にならない。

今、気を始め超能力だ霊現象だと、現代科学が「存在しない」と否定せざるをえない現象が次々と起こっています。これは、狭い土俵での思考をやめなさいというメッセージなのです。意地になって、そんなことはありえないと頑張っている科学者もいますが、現実にたくさんの人の前で起こっていることはどうしようもないのです。

彼らは、結局は無視するという方法をとるわけです。

従来の科学は科学で、非常に大きな役割を果たしてきました。しかし、それとて完璧ではないのです。そのことをきっちりと踏まえた上で、目に見えない世界も科学的に扱う統合科学への目が開かれることを、私は強く望んでいます。

現代科学の限界

電子という言葉はよく聞くと思います。原子核の周りを回っている極めて小さい粒子というイメージで、みなさんの頭の中にはインプットされているでしょう。

原子核という大きな、例えば野球のボールのようなものがあって、その周りをパチンコ玉のような小さい玉、電子が回っているというイメージでしょうか。

「そんなこと当たり前のことですよ」

と、おっしゃる優秀な方もいるでしょうが、しかし、この電子を見た人がいるとお思いでしょうか。

物理学では、当たり前のように扱われている電子ですが、実はこれを見ることは今の計測器では無理なのです。

現代科学では、電子顕微鏡が最も小さいものまで観測できる計測器械です。電子顕微鏡というのは、電子を使って小さい物質を観察するものですから、電子以下の大きさのものは観察できません。つまり、電子は電子顕微鏡では見ることができないのです。

そのような誰も見たことのないものを、あたかも当然のことのように、モデル化してしまった。それも、現代物理学の基礎となる部分でそんな乱暴なことをしてしまったわけですから、その基礎の上に成り立つ物理学は矛盾だらけのものとなってしまうわけです。

高温超伝導が説明できない。なぜ常温核融合が起こるのか分からない。それは、基礎である電子の構造を間違って認識しているからなのです。

また、ある大学の物理学科で講義をしたとき、「電流が流れると、なぜ周りに磁界ができるのか分からない」と言ったときに、どっと笑い声が起こったことがありました。物理学を専攻する学生にとっては、電流が流れればその周りに磁界ができることなど、何の議論も必要のない当たり前のことなのです。しかし、冷静になって考えると、「なぜ磁界ができるのか」については誰も説明できない。

当たり前に思われていることが、実はまったく分かっていなかったりするのです。

私たちが毎日使っている電気とは一体何なんだと言ったって、そんなこと議論する気にもならないかもしれませんが、実は誰も分かっていない。

ほとんどの科学者は、知ったかぶりをして、電気や磁気のことを教えているのです。

意味ある偶然の一致

もっと身近なお話をいたしましょう。

シンクロニシティという言葉があります。スイスの心理学者、カール・ユングが使った言葉で、「はっきりとした因果関係はないが、意味の深い偶然の一致」という意味です。そして、それは特別のことではなく、私たちの周りでしょっちゅう起こっていることなのです。

アラン・ヴォーンの書いた『信じられない偶然』という本に、次のようなエピソードが載っています。

「私の家の隣に住むジョージ・D・ブリンソン氏が、数年前、セントルイスからニューヨークまで商用旅行をしました。そして、列車に乗ってから、ふと、ケンタッキー州ルイスヴィルに寄ってみようかなと思いついたのです。前からこの町に興味を持っていたのだが、乗った列車がここを通るとわかった。ちょうど日程が週末にまたがっているし、べつだん急ぐ旅でもない。一応車掌に、途中下車をしてもいいかとたずねてみると、かまわないとの答えだったので、立ち寄る決心をしたのでした。

ルイスヴィルで降りると、駅の案内所で一流ホテルの紹介を頼みました。そして、教えられたブラウンホテルへ行き、宿泊の手続きをすませました。そのとき、ほんの冗談のつもりで、郵便係の女の子のそばへ行き、私に手紙が来ていないかね、とたずねたのです。すると彼女は、まじめな顔で《三〇七号室ジョージ・D・ブリソン様》という宛名書きのある手紙を彼に差し出したのでした。しかも、三〇七号室というのは、彼がたった今、とったばかりの部屋だったのです。

調べてみると、三〇七号室には、別人のジョージ・D・ブリソン氏が前に泊まっていたことがわかりました。出身はノース・カロライナ州だが、今はモントリオールの保険会社で働いている、という人物です。その後、二人のブリソン氏は顔を合わせ、お互いが実在することを確認したというわけです」(『信じられない偶然』新島義昭編訳　あずさ書房)。

同性同名の二人がどうして同じ時期に同じホテルに泊まったのか。どうして、第二のブリソン氏が手紙が来てないかとたずねる気になったのか。そして、なぜあまりにもいいタイミングで、第一のブリソン氏宛てに手紙が届いていたのか。

できすぎた話だと思われるかもしれません。

現代科学的な発想からすれば、あまりにも確率の低いことが重なっているだけに、この話は作り話であると結論づけるでしょう。

この話から離れても、私たちは同じような体験をしているはずです。長年会っていない友だちの話をしていたら、数時間後にその友だちから電話があったとか、あるいは虫の知らせとよくいわれますが、ふと気になった人が死んでしまったというようなことにしても、月並みの科学的な説明はまずできるものではありません。

人と人が出会うことはどうでしょう。あなた自身の今のお付き合いを考えて欲しいのですが、たまたまの繰返しが人間関係を作ってきているはずです。決して、計算して出来上がったものではないでしょう。

こういうふうに、世の中は偶然から成り立っています。そして、偶然は現代科学では、分析しようがないものですから、誰もタッチしようとしません。偶然は偶然だよと、無視されてしまっているのです。

ユングは、

「シンクロニシティという現象は、従来の理論では説明しきれない世界が実在することの証拠でもある」

と語っています。

偶然という現象に目を向けない科学は完璧な科学とは呼べないでしょう。現代科学がほんの一部しか語っていないと、いつも私が言っているのはそうした理由からなのです。従来の理論に縛られないこと。これが、新しい科学者の在り方なのです。

現代科学では解明できない気

気についても、現代科学はまったく無力です。従来の理論に縛られた発想の仕方しかできないから、気の存在さえも認めることができないのです。

インドの瞑想の名人が瞑想をすると空中に浮き上がったりします。

「そんな馬鹿なことはありえない」

というのが、こういった話題になったときの科学者の態度です。仮に目の前でその現象を見たとしても、

「何かトリックがあるに違いない」

と、かたくなな態度を解こうとしません。

重力に逆らって宙に浮くなど、従来の理論では考えられないことだからです。

しかし、サイ科学の分野になりますと、これが理論的にも説明できてしまうのです。

〈中性子に人間の想念が働きかけることによって、大きなエネルギーを出す。このエネルギーが重力に逆らって体を持ち上げる〉

こういう説明でお分かりになるでしょうか。つまり、気の働きによって、体が宙に浮くのです。そして、そのエネルギーの大きさは、その人の想念の在り方に大きく影響されます。

瞑想という手段によって、体を宙に浮かせるだけのエネルギーを持った想念を獲得したのがインドの瞑想の名人なのです。

マハリシも名人の一人です。彼の主催するセミナーで、私が講演する機会があったのですが、私がこの中性子の話をすると、彼は非常に喜んでくれ、私に握手を求めてきました。

マハリシと握手をした人は、世界中でも何人もいないそうです。私は、サイ科学の知識のおかげで、マハリシという偉大な人物と握手をするという光栄にあずかることができたというわけです。

気というのは、非常に偉大なエネルギーです。万物を構成しているのは気です。宇宙の運行を司っているのも気です。

元来、人間には病気はありません。それは気のおかげで、うまく気を取り入れる体勢さえ整っていればいつまでも健康でいられて、神から与えられた寿命を全うできるようになっているからです。

宇宙空間は、素粒子が集まって原子になり分子になり複雑な物質を作っていることは、現代科学でも理解していることです。しかし、素粒子が最も小さいかというとそうではないことがサイ科学では分かっています。

素粒子と素粒子の間にも小さな粒子がたくさん詰まっているのです。素粒子の一〇〇億分の一の一〇〇億分の一という、想像もできないようなクオークという小さな粒子です。

電子顕微鏡の世界をはるかに超えた世界が存在しているわけです。四次元の世界と言ってもいいでしょう。

現代科学では、真空の中には何もないとされていますが、実は真空の中にはこの小さな粒子が満ちているのです。

アインシュタインは光速度不変の原則を基本に相対論を展開し、アインシュタイン以前にマイケルソン・モーレーは実験によって、絶対静止空間に対して運動しても光速度に変化がないことを証明しました。このことは、あたかも真空中の超微粒子、エーテルと呼びますが、その存在を否定したことだと解釈されました。そして、それ以降の科学はエーテルは存在しない、真空中には何もないことを前提に研究が進められてきました。しかし、最近になって、アインシュタインが言ったことは、空間に絶対的に静止したエーテルがないということで、エーテルが存在しないということではないことが明かになったのです。霊能者に話を聞きますと、こうした誤解を生んだことを、あの世でアインシュタインは嘆いているそうですが、確かにその誤解が本当の意味で科学の発展を阻害したことは間違いないでしょう。

気は、大きさにすれば十のマイナス八乗センチと以外に大きいようです。しかし、その働きという点から見れば、真空中の超微粒子、エーテルと非常に関係が深いのです。もっと小さな存在である念波（後述）との関係はさらに深く、性質的にはかなり高い次元のものだということができるでしょう。

それほど小さな世界とかかわりの深い気ですから、現代科学ではとても太刀打ちできるものではありません。

結局、これまでの理論をベースに気を研究しようとしても、それは完全な失敗に終るでしょう。

四次元、五次元という高い次元から見ないと、気は解明できないのです。

偉大な先人も興味を持った見えない世界

アインシュタインのことを少しお話しましたが、彼は非常に霊的なことも分かった科学者でした。そして、見えない世界の法則を考慮に入れて研究活動を進めたわけですが、残念ながら彼の考え方が理解できる人はほとんどいなかったため、都合いい部分だけが都合いい形で解釈されてしまったのです。

エーテルが存在しないなどというのは、その典型的な例で、アインシュタインの意に大きく反する形となって、科学の行き先を大きく左右したのです。

そういった例はいくらでもあります。過去の偉大な科学者というのは、ほとんどが見えない世界にまで研究領域を広めていたといっても過言ではありません。

科学者というのは、真実をどんどんと追求していくわけですが、目に見える世界だけを追っているとどうしても限界にぶつかるわけです。それで良しとするならいいんでしょうが、そこで満足するようでは歴史に残るような科学者にはなれないでしょう。必ず、目に見えない世界まで踏み込まざるを得ないのです。

有名なニュートンは、二十代でニュートン物理学を完成させてしまいました。現代物理学の根本に関する原理です。しかし、この原理は天体の運動法則の一部を説明できるだけで、人間を含めた生物の運動を考えたときに、どうしてもその原理だけでは物足りないものをニュートンは感じたようです。それで、三十歳以降の彼は探求することになるのです。四十五歳から八十五歳までの四十年間、ニュートンは神学や錬金術に関する多くの論文を書きました。しかし、周りの人たちは、無価値な論文として顧みなかったのです。ニュートンともあろう人が、という思いで、人々が彼の研究を止めさせようとしたのは想像に難くありません。ニュートンの神の研究が受け入れられていたら、世界はまったく違う形になっていたでしょう。本当に惜しいことをしました。

ニュートンの著書『光』の終章には、宇宙いたるところに神が偏在し、運動を支配しているのではないかといったことを述べている箇所があります。この考えが正当に評価され、発展していれば、真実により近付いた新しい学問体系が確立されていたに違いありません。ファラデーの法則で知られているファラデーもニュートンと同じような思いをしているようです。彼は、サイ科学に関してある提案をしたことから、ひどく評判を落としたようです。推測するに、彼は霊の問題を取り扱ったのではないでしょうか。

マックスウェルも見えない世界に踏み込んでいます。エジソンも霊界との通信機を発明ようとしています。

彼らにとっては、見えない世界を扱うことは大きな進歩でした。しかし、周りの人たちにそのことは理解されなかったのです。理解できないことは無視するという「科学的態度」の弊害がもろに出たエピソードです。

後世になって、目に見えない世界が当たり前になったとき、ニュートンやファラデーの研究がもっと明かになれば、いかに当時の科学者が愚かだったかが、語られることになるでしょう。

現代の科学者も同じように愚かな習慣を引きずっているのですが。

宇宙人から届けられるサイ科学情報

見えない世界を研究するといっても、見えないだけにどういうふうに研究していけばいいのか分からないと思われる方が多いだろうと思います。

確かに、文献を読んだり、学校へ通ったりしても、なかなか見えない世界のことは分かりません。ニュートンやファラデーにしても、見えない世界を文献や学校で勉強したということはまずありえないでしょう。

一体、どういう方法で見えない世界へのアプローチはしていけばいいのでしょうか。

天才といわれる人たちが、科学者でも芸術家でもそうですが、最も大切にするのは、ひらめきです。ふらふらになるまで創作活動に集中したり、過去の栄光や体験への執着を捨てて新しい境地に達したとき、思わぬひらめきがピカッとくることがあるそうです。くたくたになって寝ているときに、夢で研究のヒントを得ることもあります。

第六感というのも、ひらめきの一つでしょう。このひらめきが、見えない世界の研究には最も効果的な手掛かりになるのです。

そもそもひらめきというのは、自分の頭が生み出した産物だと思いがちですが、実はもっと奥深いものです。

ひらめきは、神、あるいは宇宙人、宇宙意識といった存在からのメッセージなのです。

そして、そのメッセージは、神や宇宙人を信じられるようになった瞬間から届き始めます。

しかし、信じることは前提ですが、信じるだけではだめな部分もあります。私たちは、自分の肉体を使って神のメッセージを具現しなければならないのです。そのためには、芸術家であれば具現できるに十分な芸術的なテクニックを身につけておかなければならないのです。つまり、心と体の準備ができたときに初めて、人間を超えた世界が広がっていくというわけです。それまでは分からなかったメッセージの意味が分かるようになるのです。

ニュートンもファラデーも、人間レベルでは、科学者としての最高の知識を獲得したときから、神の言わんとしていることが分かり始めたのでしょう。

もっと分かりやすく説明すれば次のようになります。

実は、私たちのもとへは神のメッセージは絶えず降り注いでいます。これは誰もが平等に受けられるものです。しかし、私たちにそのメッセージを受ける用意がなければ、まったく受けられません。

テレビを考えてみて下さい。テレビ局から発せられた電波は、日本中に平等に飛んでいます。しかし、受像機が故障していたり、スイッチが入っていなかったり、性能が悪かったりすると、当然せっかくの電波も受けることができないのです。そして、同じような性能のテレビで、きちんとスイッチを入れておいても、チャンネルを1に合わせるのと8に合わせるのでは入ってくる情報はまったく違うのです。

神のメッセージを本当にうまく取り入れ、それを社会に役立てている人はたくさんいます。

気功師の中川雅仁氏は、夢に白い髭のおじいさんが現れて気功をやれと言ったと、気功を始めたきっかけを話してくれましたが、そのとき中川氏のチャンネルは「病気を治す」という周波数にセットされていたのでしょう。そして、夢で見たことを真剣にとらえ、実際に試してみたら、翌日から気により病気治療ができてしまったのです。

人間が気で病気を癒すという行為をコントロールする神様はキリン座にいます。その神様が一九八八年の十一月二十九日に地球へ癒しのエネルギーを送り始めました。つまり、そのエネルギーを受けて、気で病気治しをする人が出始めるという気の世界の記念すべき日が十一月二十九日なのです。

後で知ったのですが、中川氏が自分の手から出る気で治療を始めたのが、ちょうどそのころ一九八八年の十二月二十四日だったということです。中川氏の言う「白い髭のおじいさん」というのは、キリン座の神様だったのかもしれません。

中川氏はもちろんキリン座のことなど知りません。しかし、いつも「すべてひらめきに従って動きます」と言っています。ひらめきが神からのメッセージであることを直感的に知っているのでしょう。そうやって生きていれば、神様の意思ですから、結果的には決して悪いことにはなりません。

もう一人、足立育朗氏という建築家とのお付き合いもありますが、彼は宇宙人からのメッセージをもとに非常にユニークな建て物を作っている方です。

彼との縁も非常に面白いので、少し詳しくお話ししましょう。

宇宙人の家

私のもとに非常に興味深い情報が舞い込んできました。日本に原爆が落ちた直後に、地球に宇宙人が降りてきたというのです。原爆のショックは、物理的なもの想念的なものも併せて、宇宙にも大きな影響を与えたようです。そのため、宇宙人が調査のために地球にやって来たのです。

宇宙人が住み着いたのは、メキシコのチャパラ湖のほとりでした。そこに一年ほどいたそうです。

この話しを聞いて、私は早速チャパラ湖へ出かけました。いろいろと聞込み調査をしていくと、どうもあそこに宇宙人が住んでいるらしいという家が見つかりました。非常に奇妙な家で、その家の屋根の裂け目のある異様な煙突からは毎晩レーザー光線が発射されているという話しも聞くことができました。きっと、ＵＦＯと交信をしているのでしょう。

この家は、なぜか道路に面した入り口がないのです。つまり、車や徒歩では中へ入っていけない構造になっていました。大きな庭があり、そこはＵＦＯ円盤の発進基地のようにも見えました。

私は、隣に住んでいた日本人の画家にお願いして、彼の家から宇宙人の家へ入り込みました。見るからに奇妙な構造の家でした。玄関がまん丸で、その脇には池があり、その池から流れ出した川が客間まで続いていたのです。

客間には、回転楕円体のような丸い石が置いてありました。たぶん、そこにレーザー光線を出す装置を置いたのだと思われます。

この家の大きな特徴は、楕円形が基調になった設計がなされていることです。縁側も窓も楕円形でした。

その理由は、当時の私にはまったく推測もできませんでした。

帰国してから、このことを建築の専門家である足立氏の耳に入れました。私の話しに非常に興味を持った足立氏は、数年後、メキシコへ飛び、宇宙人の家を訪ねました。

そのときから、足立氏に不思議な能力が芽生えたのです。宇宙人と交信できるという能力です。

そして、その交信の中で、チャパラ湖のほとりにあった家がプレアデスという星座から来たアソックスというメキシコ名の宇宙人が住んでいたことが分かり、さらにはその家の基調となっていた楕円形は宇宙エネルギーを集めるのに最も効率的な形であることが分かりました。

足立氏は、プレアデスからのメッセージをもとにある図形を描き上げました。それが、P79の図形ですが、楕円と円でできた非常に穏やかでなおかつエネルギッシュな形です。

私は、この三つの図形を一つの紙に書き写した上に水を入れたコップを置いておいたりします。そうすると、水の質が変わり、さらに三十時間置きっぱなしにしておくと、その水の中に七十二種類ものミネラルが作られるというのです。水質試験場で分析したところ、確かに二種

【霊性をきめる中性子と陽子】

中性子とは こんな形をしている

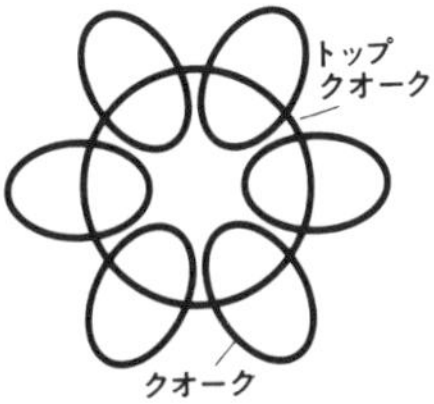

中性子の形は、トップクオークという球の上を、クオークというトップクオークより小さな回転する楕円体が6つ重なったものです。

中性子の形がゆがむと ガンになる

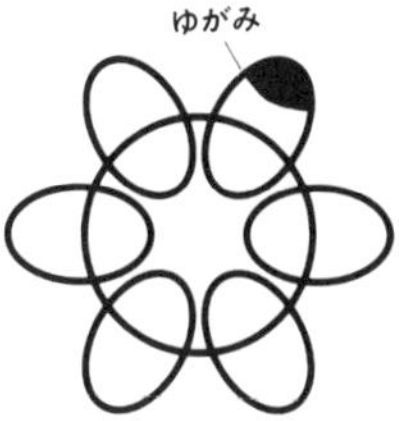

中性子の一部がゆがむとガンになります。なぜ、中性子の形は、ゆがんでしまうのでしょうか。

それは間違った感情を、持つからです。しかし不思議なことに、間違った感情を捨てれば、(128ページの「洗心」を参照)中性子は正しい形にもどり、ガンも治るのです。

陽子・中性子・電子の図形を三つ組み合わせた図

類かのミネラルが創成していることが確認されました。

これは、現代科学ではとても理解できない現象です。水に気を与えれば、味が変わったり、有害物質がなくなったりしますが、新しくミネラルが創成されるというのは聞いたこともありません。

電子のしくみ

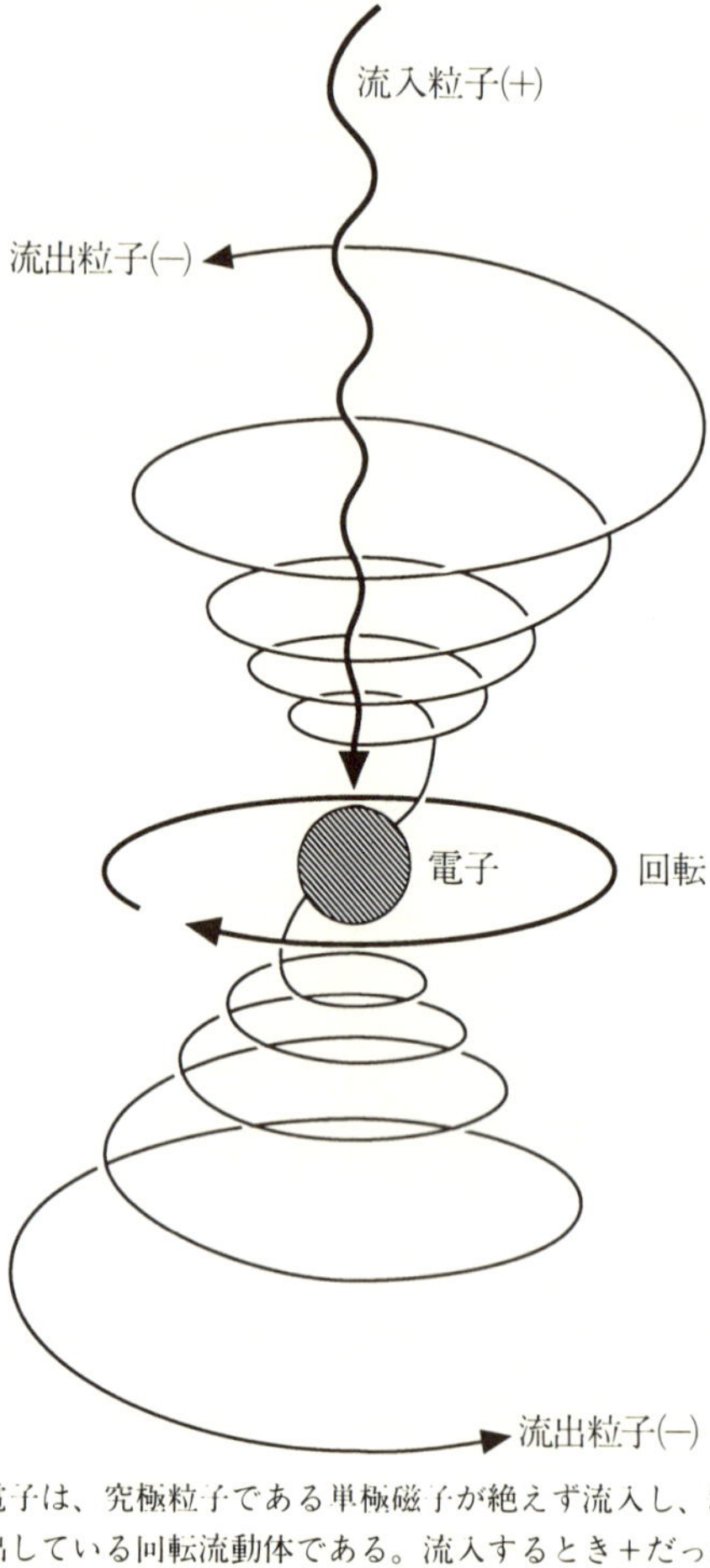

電子は、究極粒子である単極磁子が絶えず流入し、流出している回転流動体である。流入するとき＋だった単極磁子は、流出するとき−の単極磁子になっている。

太陽の表面温度は摂氏二十六度

このプレアデスからの図形ですが、最近になって非常に大きな意味を持った形だということが分かりました。

第一章で、陽子、中性子のことをお話しました。これに電子を足せば原子となるのですが、この図形はこの三つ、陽子、中性子、電子の形を現しているのです。P80の渦巻状の図は電子です。電子は、球であるように思われていますが、実際は超微粒子クオークの流れなのです。クオークが右巻の渦を巻きながらすり鉢状に下がってきて、すり鉢の底にたどりついたら、今度は回転方向を左に変えて渦をまきながら広がっていきます。

これが電子の構造です。これが分かれば、不思議だといわれている高温超伝導、常温核融合も理論的に説明できます。電気が流れると磁場ができるという当たり前のこととして受け止められていながら本当は誰も分かっていない現象の説明も簡単にできます。ここでは詳しく言いませんが、興味ある方は東京の世田谷にある加速学園までご足労下さい。納得いくまでお話させていただきます。

この電子の様子を、真上から見たのと真下から見たのを図示したのが、P79の四つの渦巻です。

そして、P79の楕円が陽子です。陽子の円周に沿って、楕円が並んでいますが、これが中性子なのです。

物質の構造を見事に示したのがこの図形なのです。

もちろん、このことは宇宙情報をもとにしたサイ科学でこそ言えることで、現代科学ではとても示すことのできないものです。

宇宙情報は、従来の科学的知識に支配されている人たちにとっては、とても理解しがたいことを次々と伝えてくれます。

これも足立氏を介して伝えられたことですが、太陽の表面温度は平均で摂氏二十六度しかないというのです。常識では、太陽の表面温度七〇〇〇度ともいわれています。この大きな違いはどこから来るのでしょうか。

それは、太陽の表面温度が七〇〇〇度とする現代科学が、あくまでも地球上の目に見える範囲でしかものを考えないから起こってくる差なのです。地球と太陽の距離を予測し、その距離で地球がこれだけ温められるには、これくらいの温度が必要だという計算だったり、限られた能力しかない光学天体望遠鏡の結果を絶対的なものとする勘違いが、事実を見誤らせるのです。

宇宙情報によりますと、こういうことになります。

太陽からも地球からも非常に大きな気エネルギーが発せられています。それが、ある地点でぶつかります。そして、そこで干渉熱エネルギーに変換され、その熱が地球に注ぎ降りるのです。どの地点で干渉するかも教えられています。地球から二六九万キロの位置です。

ですから、太陽の表面は七〇〇〇度などという途方もない高い温度でなくても十分なのです。

そして、太陽には人類が住んでいます。といっても地球にいるような不良人類ではなく、何ランクも高い人類です。こういう人類は、地球人から見れば、神といってもいい存在です。

太陽に住む、より高級な人類からのメッセージも地球にはたくさん降りてきているのです。

念波とは

さて、ここまできますと、もう現代科学的な考えではとてもついてこれなくなっているでしょう。

どうしても、従来の常識に縛られたい人は、もう読み進む気力をなくしてしまっているかもしれません。

私が言っていることは、確かに現時点では突拍子もないことかもしれません。しかし、もう数年たてば、当たり前のことになってしまいます。損得を言うのは好きではありませんが、もう少し読み進めていただくため「決して損をしない情報ですよ」と、はっきりとここで言っておきたいと思います。

とにかく、これからは従来の狭い常識を捨ててしまって下さい。読み終ってから、やっぱり納得できないというなら、従来の常識の中に戻ってもいいのですから。

何も知らないのが一番の不幸です。特に、真理を知らないというのは、神の世界からいえば罪悪です。しかし、そうだからといって宗教を勧めているわけではありません。

今からは、私がサイ科学の研究を進めていく上において、とても重要視している「念波」についてお話ししていきます。

念波は、人間の脳が大きく関係していますので、脳波と混同されやすいのですが、まったく違うものと考えてもいいかと思います。

脳波は、せいぜい毎秒数回から三十回程度と極端に周波数が低く、空間に放射される波ではありません。ただ、記録された図形が波の形をしているだけです。

それに対して、念波の周波数は極端に高く、現代の進歩した科学・技術を以てしても、これを器械で発生させたり受信したりすることは不可能のようです。また、空間に放射されたときの速度は、光速のものもありますが、その何億倍にも達するものもあります。従来、宗教家や哲学者は抽象的に「一瞬にして伝わる」といった表現で、その存在を示唆していますが、わたしのように具体的な数値で示した人はいませんでした。

念波がどれほど速いか、私たちがこれ以上速いものはないと考えている光速(=電波の速さ)と比較すればよく分かります。

その前に、電波と念波の違いですが、電波は、私たち肉体が存在する場所、三次元でしか飛び交うことはありません。それに対して、念波は高次元を行き来できるものです。四次元波、五次元波、六次元波、七次元波と、どんどん周波数も高くなっていき、速度も次元が上がるほど速くなっていきます。

念波の中で一番下から四番目にランクされる四次元波でさえ、電波よりも十五ケタも速い速度を持っています。つまり、光だと十年かかる十光年の距離も、四次元波だと千万分の一秒程度で到達できるわけです。

千光年の距離でも、四次元波だと十万分の一秒という短時間になります。六次元、七次元となれば、もう想像を絶するような高級なものであることがお分かりになるでしょう。まさに、神の波動ということになります。

現代科学では、電磁波でもっとも高い周波数は、ガンマー線とか宇宙線であって、これは十の三十乗ヘルツで、これより高い周波数のものは考えられていません。従って、四次元波のような高い周波数のものは、まったく考えられていません。ですから、どう発生させて、どう受信するかなど、議論の端っこにも上りません。しかし、サイ科学の立場では、高次元の波、念波が、さまざまな超常現象を起こし、目に見えない送信機や受信機によって、操られていると考え、それを基礎に研究を進めています。

念波天文学

従来の天文学といえば、光学望遠鏡、電波望遠鏡および未来の重力波望遠鏡などによる観測と、素粒子論を基礎にした宇宙生成理論がもっとも進んだ研究ということになっています。

ごく最近の「サイエンティフィック・アメリカン」誌（1993年6月）によりますと、現在もっとも精度のいい望遠鏡の一つとされているハブル・スペイス・テレスコープで観測でき

【宇宙空間の密度構成】

極大
10^{+68}
10^{44}cm
天文学宇宙
10^{28}cm

基準
10^{-13}cm
↑
電子

極小
10^{-68}
10^{-92}cm

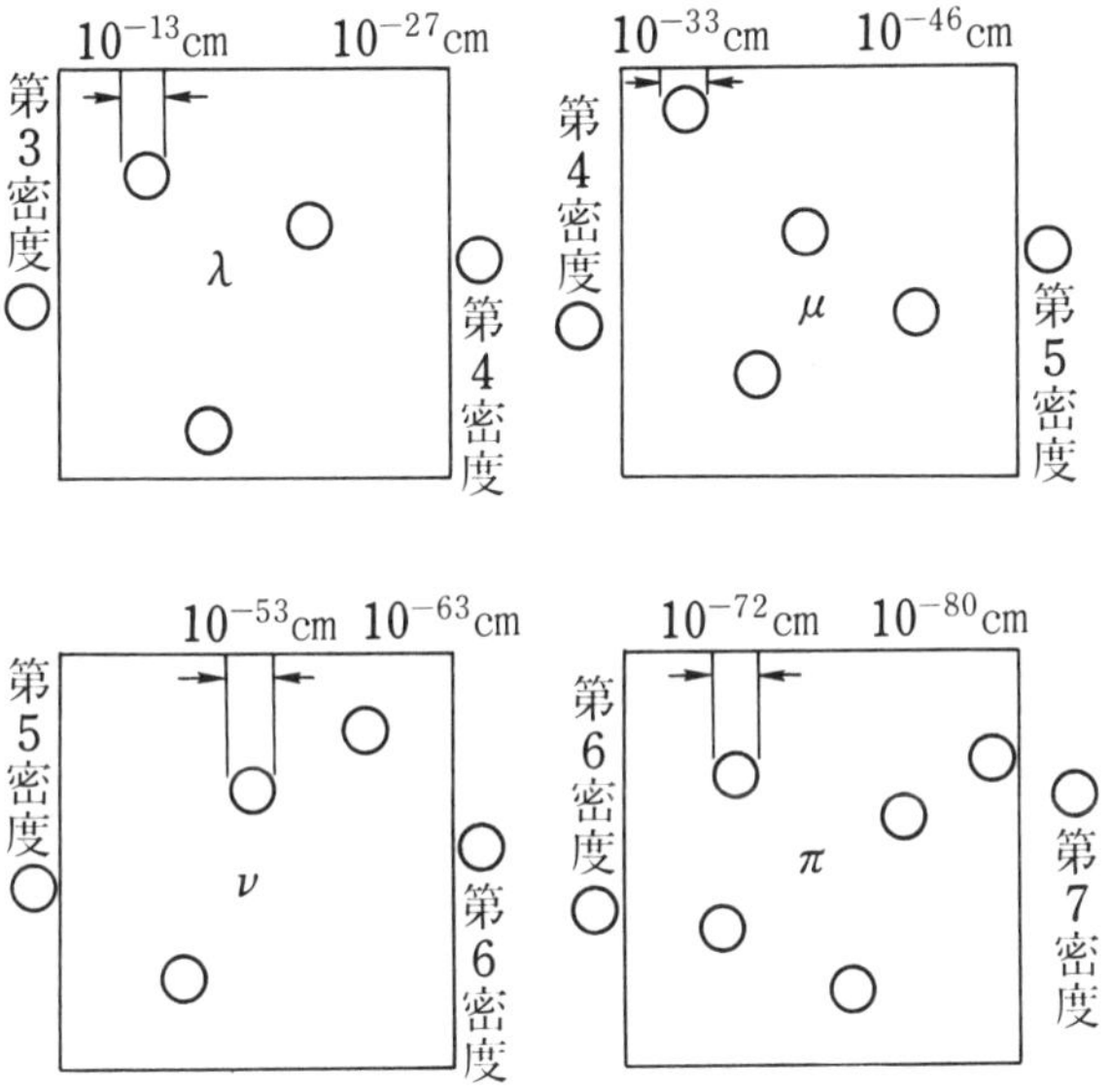

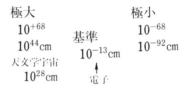

るもっとも遠い銀河は百二十億光年の彼方にある4C41・17であるということです。

この望遠鏡は、間もなく五倍の観測距離まで拡大できるよう改良されることになりそうですし、また南ヨーロッパの巨大据置望遠鏡やハワイの二つの10メートルケック望遠鏡を使えば、もっと遠い宇宙が観測できるといいますから、ここ数年のうちには百五十億光年の宇宙がさらに明かになるでしょう。

しかし、光や電波の速度では、この広大な宇宙のほんの一部しか分からないでしょう。宇宙はあまりにも広すぎて、光や電波ではとても全部をカバーするのは不可能なことなのです。

しかし、念波を使いますと、これが可能になってきます。

私の推定ですが、五次元の念波で百五十億光年までは、約百分の一秒で到達できます。実際の宇宙の広がりは、百抒（ジョ）光年と推定されますから、五次元の念波でも三百億時間かかりますが、六次元の念波なら十分の一秒、七次元波の念波なら一京分の一秒で到達できます。

この高次元の念波を使った天文学を念波天文学といいます。

念波は現代の科学やエレクトロニクス技術では発生させたり受信したりすることはできませんので、念波天文学は現代科学を基礎とした考え方では、とうてい思いもつかないものです。

念波通信というのは、ある種のテレパシーと考えてもいいでしょう。そして、テレパシーは

【極大・極小と宇宙の広がり】
(宇宙階層性)

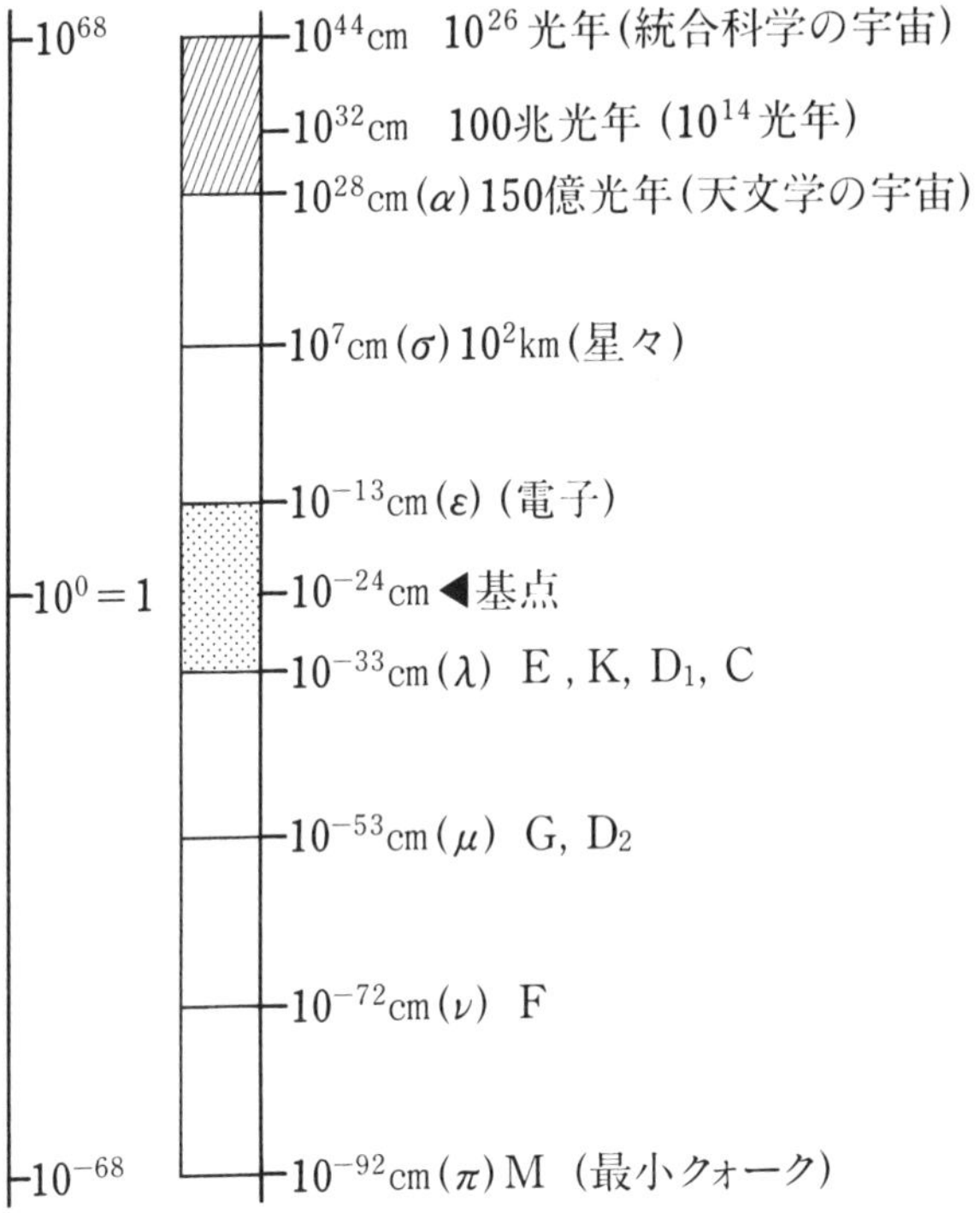

人間の中でも見えない部分で処理されていることを理解すれば、念波が魂の質や霊格といったものに左右されることがお分かりになるはずです。

つまり、人間が瞑想や洗心（正しい心を持つこと）をして、人格や波動をあげることによって、念波天文学は成り立つということになります。そして、波動の高さによって得られる情報のレベルも違ってくるのです。

これまで、私が何度も述べてきた、神や宇宙人からのメッセージというのは、つまりは念波天文学によって得られた情報なのです。そして、そのことは少し後で紹介する人間の見えない脳、潜在脳と大きくかかわってきます。

在来の天文学と念波天文学を比較したのがＰ114の表です。これを見れば、念波天文学がどんなものかがイメージできると思います。

念波通信

念波を利用した通信を念波通信といいます。

念波を使えば、宇宙人からの情報が、瞬時のうちに手に入るわけです。

【魂をつくるトップクォーク】

○
- 人間の魂→12
- 動物の魂→8
- 植物の魂→6
- 鉱物の魂→6

◎ 中性子(n)＋陽子(p)＝原子核の集合体＝魂の形態

　　　　‖　　　　‖

　　　意識　　意志(愛)

(時間と空間とが完全に調和して一体化した状態を愛という)

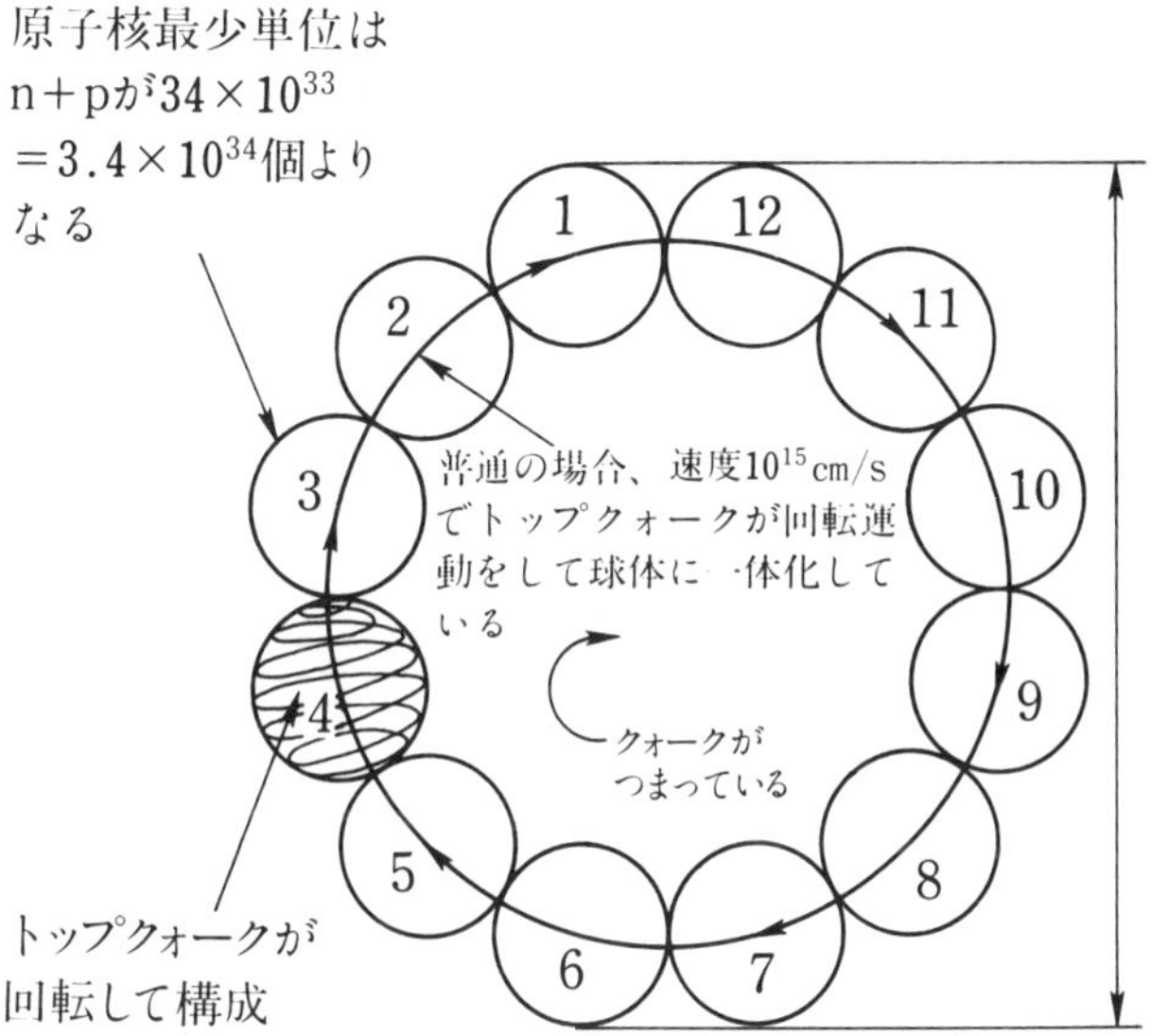

北海道に住んでいる藤原由浩さんは一九七四年四月六日にＵＦＯに吸い上げられて以来、だんだんにＥＴとの連絡が緊密になり、地球上空にきていたＵＦＯからのテレパシーで宇宙文字を書くようになりました。そして、しばらくすると、今度は脳の一部に送受信機を埋め込まれ、さらに広い範囲と情報交換ができるようになったといいます。

私は、通信を研究する立場として、念波通信には非常に興味を持っていました。何とか藤原さんに会って直接話しを聞きたいと思っていたのです。しばらくして、そのチャンスは訪れました。藤原さんが加速学園を訪ねてくれたのです。一九九一年秋のことでした。

藤原さんの話しによりますと、受信機はその大きさが一平方センチメートルくらいで、左の耳の後ろに取り付けられたそうです。この部分は、聴神経の通っている場所ですから、多分呼び出しに使われているらしく、あちらから用のあるときは、サーという雑音のような音がするそうです。

藤原さんに通信を送ってきているのは、二十五億光年離れたサモンコールという星の群れだといいます。地上と同じような感覚で二十五億年の彼方と話しをしようと思うと、電波の約一京倍の速度が必要です。これは、四次元波を使えば大体近い速度になります。

これまで藤原さんは、実際にサモンコールまでＵＦＯで三百五十回以上行ったり、通信をしたりして、たくさんの情報を手に入れています。
そのいくつかを紹介します。興味深い内容のものばかりです。
(1)今のままでは地球生命は崩壊する。第一は物質主義である。人的公害による自然破壊、紛争、気象異変、バランスの崩れによる生命循環の停止等が原因。
(2)地球のあらゆるところに（藤原さんのような）コンタクトマンを置いて、救済活動を展開している。
(3)救済活動で最も大切なことは、地球人の宇宙意識を開発することである。
(4)意識が違うと調和がとれない。理解ができないことが障害となる。
(5)調和のとれていない精神意識に高度な科学は与えられない。
(6)サモンコール宇宙惑星連合は、進化した知的生命体惑星約八〇〇個より成り立っている連合機構である。
(7)宇宙には、連合機構に属さない危険な生命体も存在するので、無闇に宇宙人に近付くのは危険である。
*以下、サモンコールについての情報
(8)サモンコールは地球文明とは八七三〇年の違いがあり、超高度な文明科学を持つ。

(9)一人ひとりが進化した精神意識を有し、絶対愛を持っている理想社会である。
(10)経済の存在しない世界であり、平均寿命は地球時間で約二〇〇〇年。利他愛の教育は子供のうちに終る。
(11)通信はテレパシーで行ない、時差を超越した世界である。
(12)地球までの距離は二十五億光年であり、六分三十秒で飛行する。
(13)宇宙のすべての構造を解明しており、応用している。認識粒子は一兆個以上あり、粒子の融合、合成、組み合せによるあらゆるエネルギーと物質を自由に創造することができる。霊粒子の認識もあり、浄化浄霊が可能。
(14)自然現象は粒子作用によって変えられる。例えば、地震、火山、気候に変化を与えられる。
(15)地球の友が早く宇宙意識に目覚めることができれば、地上での指導を開始することができる。

これは、一部ですが、現在の地球とははるかにかけ離れた世界のようです。しかし、地球人の意識が高まり、来るべき新たな時代になれば、私たちもこのような世界で生活ができるのです。

幽霊の正体

宇宙におけるすべての現象は、すべてその創造主である大神が根源にあって起こっています。大神が、すべての現象を支配し、統一しているのです。

大神の下には神々がいます。神々の下には、聖霊、高級霊があり、さらにその下に高級霊人、上級人霊、優良人類、霊界人、不良人類、未開人類が存在します。

地球人は不良人類に属し、サモンコールには優良人類が住んでいます。

地球人の多くの先祖は、三〇〇〇年ないし五〇〇〇年前に優良星界から厄介者として出直しを命じられて地球に島流しにされた人々です。その子孫である現代人もやはり、出直しを命じられて地球に生まれてきた場合が多いのです。

不良星では、さまざまな邪心が生まれます。人を恨んだり、妬んだり、悲しんだり、執着したりといった邪なる心です。こういう邪心に打ち勝ってこそ優良人類に昇格することができるというわけです。

しかし、みんなが勝てるわけではない。逆に物質至上主義がはびこるにつれ、邪心に負けてしまう人の方が多くなってくるわけです。肉体への執着が強くなっていきます。

そういう人が死んだらどうなるのか。本来なら、霊界へ行くのが普通なのですが、死後の世界を信じていなかった人は、死んでも死んだことすらわからない場合もあります。そういったかわいそうな霊は、結局、霊界へも行けず、浮遊するしかないのです。

そういった浮遊霊が、生きた人間の肉体に付くのをひょう依といいます。そして、霊にひょう依されることによって、その人の人生はどんどん悪い方向へと引っ張られていきます。病気になったり、事故にあったり、人間関係が悪くなったりといったことが起きるのです。

ひょう依霊については、中川氏が主宰する「医療気功師養成講座」で、生々しい現場を何度も見せていただいています。

後ほど、その様子も含めて、霊のことについて詳しく触れたいと思います。特に、人間の運命にひょうい霊が大きくかかわっていることを、そこではしっかりと感じ取っていただきたいと思います。

【不可視脳と念波の関係とは】

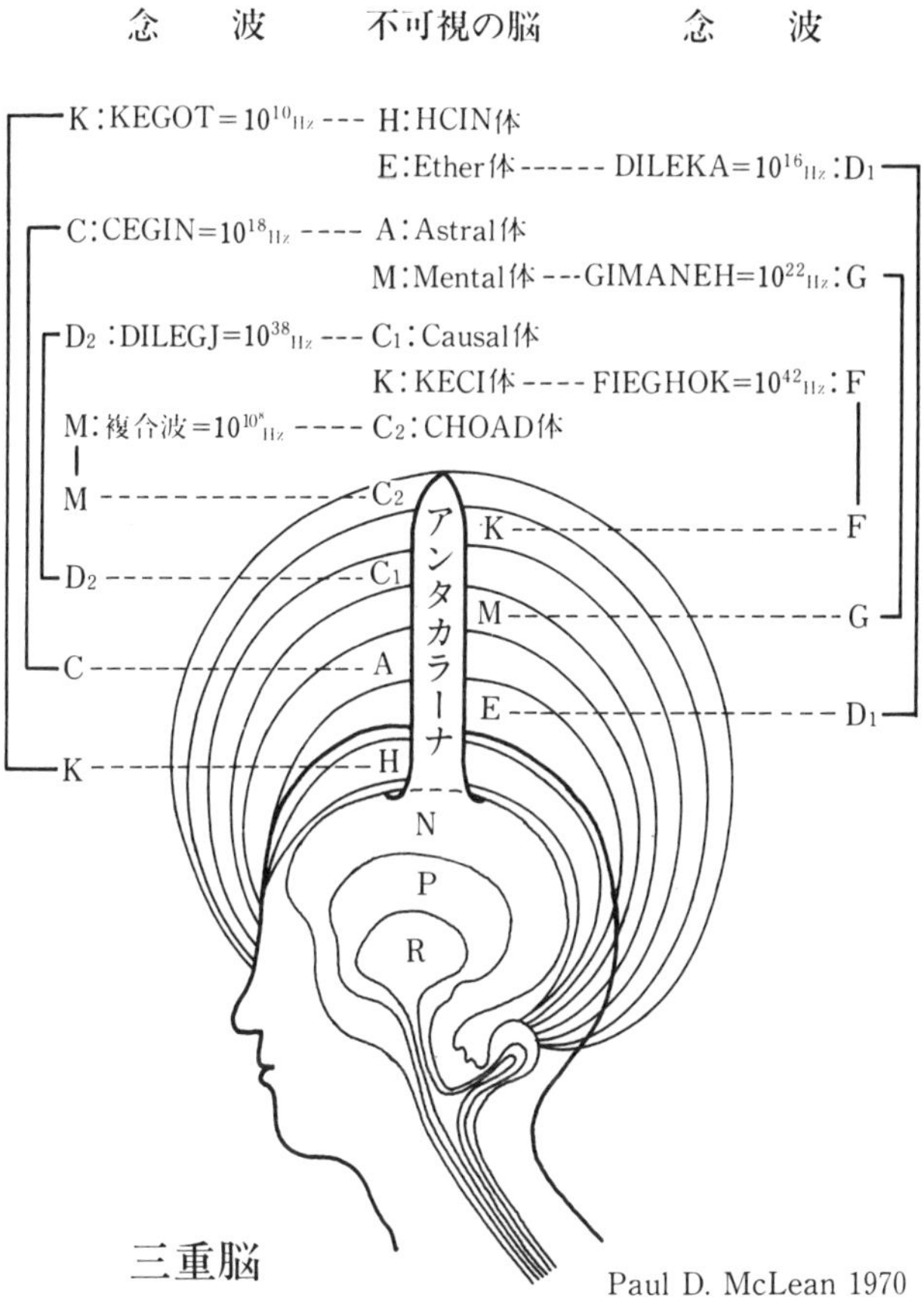

Paul D. McLean 1970

記憶容量

N：新皮質部　10^{10}ビット

P：大脳辺縁系　10^9 ビット

R：爬虫類的脳　10^8 ビット

超能力を開発する

霊というと、何かどろどろしたイメージを持ってしまいます。あまり仲良くしたくないものの一つかと思います。

だからというわけではありませんが、霊の話は後回しにしておきまして、霊と良く似た存在として注目されている超能力について考えていきましょう。超能力は、霊とは違って、「持てたらいいな」と、憧れにも似た気持ちを抱いたりします。同じような存在なのに、人々の扱いは何とも対照的ですね。

しかし、霊も超能力も、付き合い方は本当に難しいんです。一つ間違うと人生が真っ暗になってしまうことはいくらでもあることなのです。

念写のところで紹介した三田光一氏も、あれほど素晴らしい能力を持ちながら、その能力の優秀さ故に悲惨な最期を迎えることになってしまったのです。

超能力を使うときにはゆめゆめ油断なさらないように。そのことを予め忠告しておいて、超能力をどう開発すればいいかというお話をしていきたいと思います。

超能力は意外に簡単な方法で獲得できます。

超能力の源は気です。気が充実していれば、自ずと超能力は発揮できるようになります。ですから、気をどんどんと自分の体に取り入れることが、超能力を開発する唯一の方法です。

では、気を取り入れるにはどうしたらいいか。

一番手軽で、強力なのが、太陽の光線を浴びることです。

気には、電気的または磁気的に見ると、「正」または「負」の極性の粒子が何種類かありますが、地球磁界の圏内に入ってくると、朝日が水平線や地平線から昇るすれすれのところで「負」の電荷の密度が一番高くなります。また、「正」の電荷の方は地平線すれすれに夕日が沈むところで最も高くなります。

太陽が昇ってしまうと、「負」も「正」も混じり合ってしまい、その量もあまり多くなくなってしまいます。

ここで、人間にとって必要なのは「負」の方です。登山のときにご来光を行ないますが、これも「負」の電荷を浴びるのが目的で、朝日を浴びると気分が爽快になるというのは、「負」の電荷が気を高めるからです。

超能力を獲得するにはどうしたらいいか、もうお分かりでしょう。そうです、朝日を浴びればいいのです。手のひらで受けます。地平線、水平線から半分だけ顔を出したときが最も気の条件が良いときです。

これを毎日続けると、効果が百日目には出ます。百日続けると、誰もが超能力者になってしまうのです。

私のこの話を聞いて、実際に百日間朝日を浴びた人が何人もいます。その人たちは、それぞれ能力の種類は違いますが、みんな超能力者になっています。

見える脳と見えない脳

霊や超能力の謎を解く鍵になるのは、念波です。そして、念波は、脳の構造と大きなかかわりを持っています。脳といっても、人間の頭の中に納まっている脳だけを研究しても、霊も超能力も決して分かりません。これから私がお話しする見えない脳が大きな意味を持ってくるのです。

米国メリーランド州にある国立精神衛生研究所付属の「脳の進化と行動研究室」のポール・D・マクリーン博士は、動物進化に関する文献と動物観察の結果をまとめて、一九七〇年に「三

重脳理論」を発表した。それによると、人間の大脳は、
R――は虫類的脳
P――大脳辺縁系
N――大脳新皮質
の三層より成り立っているというのです。
現在の脊椎動物の脳や古代の動物化石等を比較検討するとき、人間の大脳半球は古代のは虫類R、古代の哺乳類P及び近世の哺乳類Nの三つの脳の名残を留めており、これら三重の層が一体として階層的に働くもののようです。
現代の脳に関する科学は、この三重脳理論が最先端のものです。直感や潜在意識というものも、この三重脳で解釈しようとしています。しかし、私はこれだけでは解決できない問題がたくさんあることを考え、この外を取り巻く四つの層の見えない脳の存在を強く訴えているのです。
目に見えない脳を理解するには、日本神道と神智学が非常に参考になります。
神智学によれば、目には見えないが人間の周りには四つの層があるとされています。また、日本神道でも人間には四つの魂が備わっているといわれています。

肉体に最も近いのがエーテル体層といって、神道では和魂（かずみたま）に当たります。そして、最も神に近いのがコーザル体層といって、これが荒魂（あらみたま）に相当します。エーテル体層の外にはアストラル体層があり、これが幸魂（さちみたま）に対応し、その外にはメンタル体層があり、これが奇魂（くしみたま）に対応します。

いわゆる第六感とか潜在意識といっている現象の大部分は、エーテル体層に関するものと考えていいでしょう。しかし、大多数の普通人は、エーテル体と目に見える三つの脳（N、P、R）との間に断絶があって、第六感の作用すら怪しい状態にあるのです。

エーテル体と三つの脳の間には、アンタカラーナと呼ばれる潜在神経があります。このアンタカラーナがなかったりあるいは詰まっているとかで、エーテル体が貯蔵している情報、新たにキャッチした情報が目に見える脳に伝わらないのが、大方の普通人です。ひらめきが乏しいのも、これが原因になって起こるものです。

アンタカラーナの発達は、人の心がけ次第で変わるようです。あまり欲深く、緊張するとだめになってしまいます。逆に、無欲になり、リラックスするとその働きは増してくるのです。

念波天文学のところで、心の持ち方が重要であるということをいいましたが、それはアンタカラーナを十分に働かせるという意味で心の持ち方をいったわけです。

もちろん、このアンタカラーナは、たとえ電子顕微鏡を使ったとしても、目で見える存在ではありません。

さらに上の層になる、アストラル体、メンタル体、コーザル体へもアンタカラーナがなければつながりません。つまり、心の持ち方次第で、目に見える脳は、エーテル体につながり、さらにはアストラル体、メンタル体、コーザル体へつながり、いわゆる超能力といわれる力を身に付けることができるのです。

アストラル体とつながれば、脳波はアルファあるいはシータ状態となり、テレパシーや透視、予知等のＥＳＰ現象が可能になります。メンタル体につながれば、直感とか啓示といった現象が出てきます。

さらにコーザル体になると、もっともっと高いバイブレーションに感応し、神とのコンタクトが可能になるといわれています。

神や宇宙人との交信というのは、こういった見えない脳があってこそできるのであり、その見えない脳と見える脳とをつなぐアンタカラーナを発達させるのが本当の意味での修行というわけです。

ここで、アンタカラーナがつながったら、どれほどの能力が出るのか、数字で示すと次のようになります。

肉体の脳の記憶容量は十の十乗ビットです。つまり百億ビットということです。エーテル体だとどうなるでしょうか。何と一気に十の六十一乗ビットとなります。さらに、アストラル体、メンタル体となると、常識では想像できないくらいの大容量であるだけでなく、情報処理の速度も現在のコンピューターとは比較にならないほど速くなります。その上、コーザル体の中にある数百万本のアンテナを駆使すれば、大宇宙の知識宝庫の情報が七次元波を通して得られるのです。

そうなれば、読書の速度は少なくとも約百億倍になり、記憶容量も百億倍の四乗ほどになるはずです。

とにかく、想像もつかない世界に入り込んでしまうのです。

悟りの瞬間とは

最近、素空慈（ソ・ゴンジャ）という韓国人の講演を聞く機会がありました。まだ三十代と若いのですが、二十九歳で悟りを開いたという大人物です。

彼の話は非常に興味深く、気についてもこんな話をしていました。

人間の体の中には、四つの気を蓄える場所があるそうです。一つが骨の中で、ここに蓄えられる気を骨気といいます。二つ目が筋肉の中でこれを筋気、三つ目が神経の中でこれを神気、四つ目が心の中で心気というそうです。

私も、こういうことは初めて聞きましたし、奇しくも脳の四層構造と同じように四つに分けられていることに非常に興味を持ったのです。

それはともかく、彼は自らが悟りを開いた瞬間を「電球が消えるのを見て悟った」といっています。過去の偉人もさまざまな悟り方をしています。しかし、素氏も含めて、表現が何とも文学的で、科学者である私には、そういった表現ができることを非常に羨ましく思うと同時に、何となくピンとこないところがあります。

「悟り」とは、一体何なのでしょう。私なりの解釈を紹介したいと思います。

悟るというのは、実はアンタカラーナがつながったことをいうようです。

人間は、もともと生まれたときには、アンタカラーナがつながっていたのかもしれません。しかし、現実生活の中でほこりにまみれて生きているうちにアンタカラーナがなくなってしまうのです。

そして、さまざまな修行や瞑想によって、アンタカラーナをもう一度作る作業を行なうわけです。

アンタカラーナがどうやったらつながるか、ベンジャミン・クレーム氏は、その著書『マイトレーヤの使命』の中で、次のようにいっています。

「アンタカラーナ（光の橋）を通して、魂はそのエネルギーを、その反映である物質界に生きる人間の中に注ぎ込みます。アンタカラーナは、乗り船である人間が瞑想をし始めるにつれて、魂がその人に向けて築いていきます。また、それはその個人によっても、魂へ向かう瞑想を通して、上に向けて築かれます。二方通行の過程です。それは光の柱であり、意志、愛／知恵、知性という三種のエネルギーに撚り合わさったもので、それが頭の頂点にあるチャクラに千枚の花びらのあるチャクラに注ぎ入ります。そのチャクラから神経組織のナディを通して流れるのです」

瞑想をし心を磨くのが唯一の方法だというわけです。

四年足らずという短期間に悟りを開いたとされる山崎弁栄上人（一八五九〜一九二〇年）も、徹底した瞑想によって、アンタカラーナがつながったようです。弁栄上人の著書『無辺光』の序文に、故岡潔先生が次のように書いています。

『弁栄上人伝』を読んで一番驚いたのは、一点の私心もないことであった。尋常一様の私心のなさではない。人の体の数多くの細胞が仮に人体を作っているのは、普通は私心が結び合わせているのである。弁栄上人の御生涯を見て、人がこうまで私心を抜いて、よく生きて行けたものだと思って驚く」

アンタカラーナがつながるということは、こうしたまったく私心のない状態をいうのです。逆に、私心をなくしていけばアンタカラーナはつながり、悟りの瞬間を迎えることができるようになるということなのです。座禅や瞑想はそのための手段ということになるでしょう。

アンタカラーナの構造

アンタカラーナもクオークで構成されていると思われますが、どんな組み立てのものかは皆目不明です。

しかし、一つの手掛かりとして、金星人のモンカさんが念波通信で伝えてくれたテンソル・ビーム（宇宙人が通信に使っている宇宙ケーブル）というものが、原理としてアンタカラーナに近いのではないかと思います。

この情報は、当時アメリカのデンバーに住んでいたエディ・渡辺さんという方が英文で受信し、それを私が和訳してサイ科学界雑誌に連載したものです。

それを紹介しましょう。

「第四の方法は多分われわれの通信方法の中で最も興味あるもので、テンソル・ビームの術語で呼んでいるものである。しかし、これは地球上の技術で知られていない波長の磁気放射を円錐形にして地球に接近したUFOより出すことも、惑星上の大通信センターより直接送り出すことも出来る。このテンソル・ビームというのは、同時に発生する3種の磁気現象より成り立つものである。説明の便宜上、これを磁気性物質の二つの同軸円筒層に囲まれた核心とよぶことにしよう。核心は直径2インチの磁気放射線であって、それは受信者の脳に作用する。2層のうち、内側の円筒層は直接受信者の肉体的な環境を制御し、通信者の肉体表面から正確に4インチまで広がっている。2層のうち、外側の円筒層は帰還回路として作用する。これが受信者の心よりの放射体を拾い上げる。この帰還回路は受信者の思考を宇宙人側でモニターする信号の搬送体として利用される」

分かりにくいかと思いますので、説明を加えます。

テンソル・ビームというのは、宇宙にはりめぐらされた通信ケーブルと考えていただければいいでしょう。この渡辺氏に伝えられた情報も、金星人の声が火星の通信センターを経由してンソル・ビームで送られてきたものです。

テンソル・ビームは、目に見えない磁性物質で作られた同軸円筒より作られています。内管の直径は約五センチ、外管の直径が約十センチです。そして、金星人の説明によりますと、彼の音声情報は内管を通って地上受信者の脳に流入します。外管は受信者の思考反応を金星人にフィードバックしてモニターとするための通路です。もし、これをわれわれの世界のケーブルのように電磁波でやれば、時間の遅れが大きくなるため実用になりません。多分、宇宙ケーブルの場合は、念波のうちでも四次元波が使われているのではないでしょうか。

私は、この渡辺氏に届いた情報をもとに、アンタカラーナの想像図を書き上げました。それが、P97の図です。

構造は、参考までにということで紹介したのですが、重要なのはこのアンタカラーナを作ることによって、驚くべき力が発揮できるということです。

UFOを解明する

この章の最後に、現代科学とサイ科学の間の議論の中で、もっとも多くの人が興味を持っているUFOについてお話ししておきたいと思います。

現代科学でも、最近は地球以外にも知的な生命体はいるだろうということを言っています。しかし、その生命体がUFOに乗って地球までやって来ているということになると、途端に態度を固くします。

そんなことはありえないと目を釣り上げるのです。現代科学側の言い分は、科学的な計算の上では「不可能だ」ということなのです。

彼らは、光よりも速いものは存在しないという前提で計算をしますから、そんな結果が出てくるのです。しかし、読者の方はもうお分かりでしょうが、念波のように光など問題にならないほどの速さで宇宙を移動する波が、現代の科学では確認されていませんが、存在しているわけです。そのことを考えれば、不可能だという結論は間違っているとはっきりと言えるでしょう。

ＵＦＯを理解するには、どうやってＵＦＯは飛行しているのだろうという謎を解かなければならないでしょう。地球上の乗物のようなエネルギー源を積んで飛んでいるということはまずありえません。なぜなら、そんな燃料では宇宙旅行はできないからです。まさに、科学者が口をそろえて言うように「不可能」なのです。

それでは、ＵＦＯのエネルギー源は何なのか？

意外に思われるかもしれませんが、宇宙に無尽蔵に存在する気がＵＦＯのエネルギーなのです。円盤の軸に当たる位置にパイプが通っていて、そのパイプの中を宇宙エネルギーである気が流れます。そして、その気を増幅し、飛行のエネルギーとしているわけです。

気については、現代科学ではまったくといっていいほど研究が進んでいません。しかし、気からは瞬間的に移動できるだけのエネルギーが得られるのです。

まさに瞬間という言葉がぴったり当てはまります。ＵＦＯは、目的の星を決めると、気のエネルギーを使って光速を超えるスピードで移動します。出発点近くの加速と到着地点の減速に時間がかかりますが、途中の速度は無限速です。つまり、所要時間はゼロということになるのです。

地球でも、最近になってやっと、宇宙エネルギーを利用したモーターの開発が行なわれるようになってきました。しかし、それが完成したとしても、確かに地球上では大変な社会変革が起こるでしょうが、気のエネルギーの活用という面では、ほんの少しを実用化したに過ぎません。まだまだ偉大な可能性が気には秘められているのです。しかし、いずれ地球の科学者も気の可能性に気がつき、UFOを開発して宇宙に飛び立つ日がくるはずです。

●

ここまで読み進めてこられて、どのような感想を持たれたでしょうか。SFでも読んでいるような感じがしますか。宇宙の果てまで瞬間的に飛んでいける念波だとかUFO、太陽の表面温度が摂氏二十六度だとか、サイ科学情報は宇宙人から届けられるだとか、見えない脳が存在していて、そことつながることによって超能力が発揮できるとか。

夢物語に過ぎないと思われるかもしれません。実際、私どもサイ科学会でも、見えない世界がよく分かっている人が集まっているのですが、それでも七割くらいの会員は、「会長の言っていることはSFだ」と、時として理解を示さないこともあります。

私たち地球人の認識がいかに遅れているかを物語っています。

現代科学は、ほんのちっぽけな世界しか語っていません。そこからほんの少し足を踏み出せば、素晴らしい真実の世界が広がっているにもかかわらず、そこを見ようとしないのが現代の科学者なのです。科学者だけではありません。一般の人も、現代科学がすべてだという幻想に縛られて、物質的な欲にコントロールされてしまっているのです。

人は、悟りをえるために生きているといっても過言ではないでしょう。そのためには、アンタカラーナのところでお話しましたが、弁栄上人のように私心のない生き方を目指さなければいけないのです。それが、まったく逆行して行ってしまっている。どんどん宇宙と離れてしまっているのです。宇宙を知らないばかりにです。

人間は、どうあがいても宇宙の中で生活している小さな存在にしかすぎません。それが、宇宙とのつながりを切ってしまい、宇宙の法則を無視して生きようという横暴なことをやっているのですから、いい結果が生まれるはずもありません。

病気、事故、災害など、さまざまな不幸が私たち地球人の前に現れています。それは、決して何か外的なもののせいではないのです。私たち地球人が作り出した不幸なのです。

自分たちが、どういう立場にいるのかを、このさまざまな不幸をきっかけに、私たちは気づいていかなければいけません。その第一歩として、私は現代科学を絶対のものとする科学信仰をやめることを提案します。宇宙は、私たち地球人のわずかな経験とその経験にもとづく知識だけで理解できるほど小さな存在ではないのです。

【在来の天文学と念波天文学との差】

(1) 光または電波を利用する	四次元〜七次元の波が念波にあたる
(2) 観測器械は肉眼で見える	脳の尾状核にあるらしいが、肉眼でも、電子顕微鏡でも見えるわけではない
(3) 天体の物質構造および、その現象しか分からない	物質構造および、その現象もわかるが、主として、大宇宙の知性が分かる
(4) 人間の想念は観測結果と無関係である	人間の心次第で、観測が不能にもなり、観測が容易にもなる
(5) 電波のスピードが遅いので、深宇宙の現状を必ずしも、よく把握できない	どんなに遠い星についても、その瞬間の状況が分かる
(6) 大宇宙の構造をよく知っているものから直接、教えを受けることはできない	大宇宙の権威者より、直接教えを受けることができる
(7) 客観性があるので、一見普遍妥当性があると見なされる	心の作用に頼るわけだから、どうしても主観的になり易く、普遍妥当性にかける欠点がある
(8) 将来のことを考えると、いずれは、念波天文学も考慮して、研究を進めることが望ましい	統合科学の時代を待ちたい

第4章　念波と気

気と人体

気というと、中国医学に触れないわけにはいきません。

中国医学の代表的なものは、鍼灸でしょう。五〇〇〇年の歴史を持ち、今、中国医学ブームの中で再び見直されています。

鍼や灸で、どうして病気が治っていくのかを考えるとき、重要な要素になるのが、ツボであり経絡という概念です。

体の中には三六五のツボがあるとされてきました。今では、九〇〇近いツボが人体にはあるとされています。そして、ツボとツボをつないでいるのが経絡です。

宇宙エネルギー、すなわち気は、ツボから入って、経絡を通って内臓にまで達します。この気の循環が順調にいっているときは、人は健康でいられます。しかし、さまざまなことが原因になって、途中の経絡がつまってしまって気が流れなくなってしまうことがあります。それが、体に痛みとなって現れたり、内臓の障害につながったりするのです。

鍼灸という治療法は、ツボに鍼を打ったり灸をしたりして、経絡に刺激を与え、気の流れをスムーズにするという方法です。

さらに、最近は気功が注目されていますが、これも病気を治すメカニズムは、鍼灸と同じように、滞った気の流れをスムーズにすることがポイントです。

気が見える人にいわせますと、ツボから気功師が発した気が吸い込まれていくということです。逆に、ツボからも気が出ています。人によって色が違うといいます。というよりも、病気のときは色のついた気が出ているというのです。病気の種類によって色は違っています。そして、鍼灸とか気功を受けて病気が治ると、色もなくなってしまうそうです。このように、気は非常に人間の健康と深い関係にあります。

私たちの脊髄と平行して一本のパイプ（経絡）が通っています。これをスシューム管といいますが、これがもっとも大きい気の流れ道なのです。背筋を伸ばしなさいという教育がありますが、これは気の観点からいえば、非常に理にかなった教育で、背筋を伸ばせば気が入りやすくなります。

もう一つ重要な気の流れ道は、鼻の穴にあります。左をイダー、右をピンガラといいますが、右の鼻の穴をふさいで呼吸してみて下さい、体が温まってくるはずです。逆に、左の穴をふさいで呼吸して下さい。体が冷えてくるはずです。気がどの経絡を多く通るかにも人体は大きく影響されるのです。

スシューム管、イダー、ピンガラのようなパイプは全体で七万二〇〇〇本あるといわれています。もちろん、どんな名医が解剖しても、その形や気が流れている様子を見ることはできませんが。

霊障を科学する

前章でも、見えない脳の重要性をお話ししましたが、もう少し詳しく見ていくことにしましょう。

というのは、最近になって、私は病気の原因として霊的なものを考えずにはいられないという結論に達し、その観点からいろいろ考えていくと、最終的には脳の四層構造が非常に重要な働きをしているということに、やはりという気持ちですが、たどり着いたのです。脳の四層構造というのは、肉体に一番近いところにエーテル体があり、そこから外へ順に、アストラル体、メンタル体、コーザル体と広がっていく構造のことでした。そして、外へいけばいくほどそのバイブレーションが高度なものとなり、神に近い力を持つようになります。

人間が死んだら、この四層構造はどうなるかというところから話を始めたいと思います。まず、肉体に近い脳であるエーテル体は、肉体とともになくなってしまいます。もっとも神に近い脳であるコーザル体は、死んだときに一旦神様預りとなります。そして、新しい生命にまた割り当てられるという形で繰り返しこの世に戻ってきます。

問題は、メンタル体とアストラル体です。これが、私たちが霊と言っている存在です。人間が死ぬと、メンタル体、アストラル体は霊界へ行き、そこで次にやるべきことを決定します。

ほとんどは、再び新しい肉体に宿ることになります。それが、メンタル体、アストラル体の修行であり、何千回も生まれ変わりを繰り返すともいわれています。

私たちの記憶は、すべてメンタル体、アストラル体に収められています。

アンタカラーナについても前章でお話ししましたが、この潜在神経がメンタル体、アストラル体とつながると、前世の記憶がよみがえってきたりするのです。催眠術で、前世のことを喋り出す人がいますが、これは瞬間的にアンタカラーナがつながったためだと考えることができます。

中には、低級霊が前世を装って語っている場合もあるので、一概には、アンタカラーナで語るわけにはいきませんが、とにかくすべての記憶は消されることなく、メンタル体、アストラル体に残されているということは事実です。

さて霊障ですが、例えば死後の世界を信じない人や非常に物に執着している人は、死んでも死んだことが分からない場合があります。そんなとき、メンタル体、アストラル体はどうなるかというと、霊界へ行くことができなくなります。この世を霊としてさまようわけです。

さまよっているだけならいいのですが、さまようというのはとても不安定なことですから、ついつい誰かにすがりたくなります。そして、波長の合う人にとりついてしまうのです。これがひょう依という現象ですね。

どこへとりつくかというと、脳の四層構造につくわけです。波長が同じようなところへとりつくわけですから、さまよっているメンタル体はメンタル体に、アストラル体はアストラル体にとりつくのだと思います。

そうすると、四層構造に歪みが出てきます。これが肉体に現象として現れたのが病気ということになります。

精神分裂症などは、ひょう依がかなり直接的に出てきている病気でしょう。他人の経験の記憶が自分に入り込んできているのですから、どれが自分でどれが他人か分からなくなってしまいます。

ですから、いくら薬を飲んでも、他人のメンタル体、アストラル体が出て行かないのですから治りません。

ガンやエイズは中性子、陽子が歪んだ結果だといいましたが、これも四層構造の歪みの一つと考えてもいいでしょう。

つまり、病気を治すには一にも二にも、四層構造の歪みを治すことです。その一番有効な方法として気があるのです。

いい気を受けると、ひょう依霊はそこに住みにくくなり、逃げて行きます。そうすれば、病気はうそのように良くなってしまうのです。

中国の鍼灸や気功が病気に有効なのも、いい気を病人が取り入れることによって、気の流れが良くなり、その結果として歪んだ四層構造が正常に戻るからなのです。

あくまでも、病気の原因は脳の四層構造の歪みにあることを、病気治療にかかわる人は認識しなければならないでしょう。

見えない脳はすべて物質にある

四層構造を考えに入れると、さまざまな不思議現象が面白いように解き明かされていきます。霊障という宗教的な出来事も、四層構造があるという前提で話せば、科学的な（もちろんサイ科学という範疇だが）説明をすることができるのです。

この四層構造は、人間にだけあるのではありません。人間以外の動物や植物や鉱物にもあるのです。

私が、非常に興味を持っているのに、バクスター効果というものがあります。これは植物には人間の感情を読み取る力があるという不思議現象です。この現象は、植物にも四層構造の脳があることを裏付けている貴重なものです。

このバクスター効果をアメリカの超心理学会誌に初めて発表したのは嘘発見器（ポリグラフ）の専門家であるバクスター氏でした。氏は、水が根元から葉までとどくのにどれくらいの時間がかかるだろうと、ドラセナという植物の葉に嘘発見器の端子をつけました。そのとき、思うような結果が出なかったので、氏はドラセナに八つ当たりし、「葉を燃やしてしまうぞ」と、心の中で思ったそうです。すると、驚いたことに嘘発見器の針が異常に振れたというのです。ドラセナが恐怖を感じたのです。

この偶然をきっかけに、氏は何十種類もの植物を使って、植物の不思議な能力を実験、研究しました。そして、植物には人間の感情を読み取る力があることを確信したのです。さらにバクスター氏は、生物間の通信があるのかどうかという謎に挑みます。

それは次のような実験で確かめられました。まず、誰もいない部屋に植物を置き、嘘発見器がセットされました。そして、隣の部屋で、機械仕掛で生きた海老を煮えたぎった湯の中へ入れるのです。海老が入ってない海水を湯の中に入れたときには植物がどんな反応を示したかも調べました。

その結果、植物には動物の命に反応することが明かになったのです。海老が湯の中に入れられたとき、つまり海老の死の瞬間ですが、嘘発見器の針は大きく振れたのです。

死ばかりでなく、誕生の場合も同じことが確認されています。

このことは、何を意味しているのでしょう。植物には、他の生物の四層構造の変化を読み取る力があると考えてはどうでしょうか。生とか死、あるいは人間の愛とか憎しみは、そのまま四層構造の変化として現れます。そして、その変化は周りに大きな影響を与えるのですが、植物はその変化を感知するのに敏感なのです。

これは、いいかえれば、気に敏感であるということができるでしょう。

「とてもきれいだよ」

と、毎朝花に声をかけてあげると、どんどん美しい花を咲かせるといいますが、これも人間の気を感知して花がきれいになると考えられます。

片方には、毎日気を与えました。そして、もう一方はただ機械的に水をやっただけです。数日間でこれだけの差が出たのです。

気がいかに生命に影響を与えるかということと同時に、植物がいかに気に敏感かが如実に分かるかと思います。

こういう事実を知ると、植物を無闇に切ったり、踏み潰したりできなくなります。

すべてのものには生命があり、人間も含めてすべての生命体は見えない世界で交流しているということです。

これまでの人間の横暴さがよく分かるでしょう。人間がこれからどうやって自然とかかわっていけばいいのか、いい参考になるはずです。

気の研究は、こうやって人間の生き方まで教えてくれるのです。

ピグマリオン効果

人間も、植物と同じように気に対してはとても敏感な存在であるはずです。しかし、さまざまな物欲に支配されてしまったため、気に鈍感になってしまっているのです。

そういう意味で、子供のうちは、どんな人も気にとても敏感です。文字通り無邪気だからです。

病気治しにしても、子供は驚くほど早く回復していきます。これも、気を敏感に感じるからでしょう。

ハーバード大学のローゼンタール博士という研究者は、三十年にわたって、先生が生徒をかわいがることによって子供たちにどう変化があるかを観察しました。

その結果、かわいがり期待すると成績が上がるという結果が出たのです。

このことをピグマリオン効果といいます。ピグマリオンというのは、ギリシャ神話に出てくる彫刻家の名前です。彼は自分の奥さんに似せて彫刻を作ったが、あまりにも美しくできたので、神様にこの彫物に生命を吹き込んで下さいと祈ったところ、神様はその願いを聞いてくれたという話から、人の思いは彫刻にさえも生命を与えるということで、思いの伝わる現象をピグマリオン効果と名付けたのでしょう。

先生が授業をするのに、生徒を褒めながら進めると成績が上がるというのは、それこそ先生の思いが伝わったとしか考えられません。

これは、親の子供に対する態度にも関連してくるでしょう。いつも褒めていれば、子供はいい子に育つのです。それを、いつもガミガミ言っているから――。これ以上は言わないことにします。

この現象も、脳の四層構造が分かれば、不思議でも何でもないのです。

見えない脳で地球が浄化される

人口の一パーセントの人が集団でTM瞑想をすると、その都市の犯罪率が十パーセント低下します。さらに、TMシディという方法で瞑想をすると、人口の一パーセントの平方根で同じような効果が出ます。一億人の人口の国なら、一〇〇〇人の人がTMシディを実施すれば犯罪が十パーセント減るわけです。

また、アメリカ、アイオワ州のマハリシ国際大学で行なわれた実験ですが、一九七〇キロメートル離れたマサチューセッツ州で実施された三〇〇〇人の瞑想の影響がアイオワ州で確認されたということがありました。マハリシ国際大学にいた人たちの脳波が、マサチューセッツ州で集団瞑想をしていた人たちの脳波と同調したのです。

この事実は、見えない脳の力を改めて重要視せざるを得ません。

このことが何を意味するのか、前にも少し触れていますが、もう一度ここで考えていきたいと思います。

先ほどのバクスター効果、ピグマリオン効果でも分かるように、目に見える部分では独立している物質でも、例えば人間と人間、人間と植物といった関係ですが、見えない部分ではつながっている、少なくとも情報交換をしているということです。そして、それは距離に関係ないことも分かっています。

その仲立ちをしているのは、念波でしょう。

ですから、誰も見ていないから何をやってもいいというのではなく、誰も見ていなくても自分がやったこと考えたことは、念波に乗って宇宙の果てまでも情報として流れていると考えて

宇宙創造の神がすすめる霊性の高め方

洗心《せんしん》　Mind Purification

1）いつももつべき正しい心

強く(be strong)
明るく(be cheerful)
正しく(be righteous)
我《が》を折り(be humble)
宜しからぬ欲を捨て(abandon avarice)
皆仲良く、相和して(maintain harmonious friendships)
感謝の生活をなせ(live in gratefulness)

2）心のなかからなくすべき感情

憎《にく》しみ(hatred)
嫉《ねた》み(jealousy)
猜《そね》み(jaundice)
羨《うらや》み(envy)
呪《のろ》い(curse)
怒り(anger)
不平(dissatisfaction)
不満(discontent)
疑い(doubt)
迷い(bewilderment)
心配心(anxiety)
咎《とが》めの心(reproach)
いらいらする心(irritation)
せかせかする心(restlessness)

もいいのです。それは人間に伝わるとともに宇宙空間にアカシック・レコードとして残るのです。

「一〇〇匹の猿」現象も、念波と念波をキャッチする四層構造によってもたらされているものです。

マハリシは、七〇〇〇人の瞑想の名人を作り、彼らが同時に瞑想すれば地球は浄化されるといっています。気功師の中川雅仁氏は、二〇〇〇人の気功師を養成すれば地球の悲劇は避けられるといっています。

これは、人間の脳の四層構造を活性化し、アンタカラーナをつなぐために必要な人数をいっているのです。

マハリシ国際大学の実験では二〇〇〇キロメートル近くの距離まで、瞑想の影響は及ぶことが分かったわけです。いや、距離は関係なくその影響は及ぶでしょう。

つまり、平和を望み、利己主義を捨てて他人のために生きられる人間が増えれば、世界中にその波動は広がり、特別な運動はしなくても、地球が浄化されていくのです。

見えない脳を認めることは、自分が宇宙の一員であることを宣言することです。宣言などしなくても人間は宇宙の一員なのですが、そのことすら忘れている人間が多すぎるのです。そのためにも、瞑想をやったり、気功を覚えたりする必要が出てくるのです。

最初に、地球は新しい時代を迎えるということをいいました。そのためには、一つの大きな山を超えなければならないのです。それは、たぶんエイズ、ガンの蔓延でしょう。ことによっては、天災も同時に起こるかもしれません。

しかし、いずれにせよ、流動的であることは間違いないことで、人間がどれだけ意識を上げられるかに、その山が大きくなるか小さくなるかはかかっているのです。

マハリシにしろ中川氏にしろ、他の精神世界の指導者にしろ、最終的にいいたいことは、そういうことなのです。

一人の力は小さいけれども、たくさん集まれば大きな力になります。しかし、一人が正しい心を持って生きるようになれば、その力はどんどん周りに広がっていき、大変な力になる可能性を秘めています。念波が、驚くほどの広さに、考えられない速さで、たった一人の思いを広げていくのです。

自分からまず始める気持ちを持って下さい。それが世界を変えるのです。

洗心とは

これまで、清い心で正しく生きなければいけないというような言い方を何度かしてきましたが、実は、精神世界への流れは、それがすべてなのです。

精神世界というと、超能力やUFOや霊やチャネリングといったものが一人歩きしてしまい、本質を見失ってしまうことが往々にしてあります。現在の精神世界ブームもそのきらいがあります。

精神世界は素晴らしい世界であると同時に、進むべき方向を間違ったら、とんでもないことになってしまう危険性も秘めていることを忘れてはいけません。

念写の三田光一氏も晩年は悲惨な姿でした。関西の財界の金儲けに利用され、一時はお金がどんどん入り、女性関係も派手で、一見は羨ましい状況にあったのですが、そんなことは長く続きませんでした。まさしくバブルです。寂しく苦しい時代への序曲でしかなかったのです。

たくさんの霊能者、宗教家が、一時的な華やかさの後で悲惨な末期を迎えることはよくあることです。今、マスコミで派手に取り上げられている方たちも、この後ひどい状況にならなければいいがと人ごとながら心配になってきます。

精神世界と付き合う場合、一番重要なことが心の持ち方、生き方です。正しく生きていれば、何も問題ありません。しかし、変に能力があるばかりに、誘惑も多く、正しく生きる道から外れてしまうのです。

ここで、洗心を心がけることが非常に大切になってくるのです。

洗心とは、書いて字のごとく、心を洗うということです。

超能力を獲得する方法もお教えしましたが、ただ超能力を手に入れただけでは何の意味もありません。そこに洗心が加わらなければ、最後にはひどい目にあうことになるのです。

私の話を聞いて、超能力を手に入れようと思った方は、ただ形だけから入るのではなくて、必ず、私のいう洗心を実行して下さい。

まず最初は、積極的な方法で、「こう生きなさい」ということをお教えします。
・強く
・正しく
・明るく
・我を折り

・よろしからぬ欲を捨て
・皆仲良く、相和して
・感謝の生活をなせ

これだけです。これが実行できれば、素晴らしい精神世界の指導者になれます。

もう一つ、これは消極的な方法ですが、「こういう心は持ってはいけない」ということです。

・憎しみ
・嫉み
・猜み
・羨み
・呪い
・怒り
・不平
・不満
・疑い
・迷い

・心配心
・とがめの心
・いらいらする心
・せかせかする心
以上です。何となく分かると思いますが、実行となるとなかなか難かしそうです。

ですから、毎日一つずつチェックしていくことが大切でしょう。常に、この洗心を心にとめながら生きて行くこと。これが、最も重要なことなのです。

念波と気の関係とは？

ここまで読まれて、たくさんの専門用語が出てきて混乱されている方もいるかもしれません。もう一度ここで、混乱しそうなものを整理しておきたいと思います。

まず、念波ですが、これは三次元の感覚ではとらえられません。三次元世界では、光がもっとも速いとされています。現代科学では、これを根拠にＵＦＯの存在を否定しています。

しかし、高次元になれば、光よりもはるかに速い波が存在するのです。それが念波です。

念波は、四次元、五次元、六次元、七次元と次元が上がるにしたがって、スピードも増し、その波動も高まり神の波動に近付きます。

そして、念波の大きな特徴は、人間の想念に非常に影響を受けるということです。洗心ができている人ほど高いレベルの念波を使うことができます。洗心ができていなければ、念波を出すこともできません。

次に気です。気は、それ自体では、スピードもそんなに速いものではありません。中国では、一秒間に二十センチメートルのスピードだという研究報告がありますが、私も気単独に考えるとそんなものだろう（一秒に百メートルくらい）と計算しています。

気には、いろいろな種類のものがあります。生きているものにはすべて気があるのですから、生きているものの数だけあるといってもいいかもしれません。ですから、重要なのは、その人がどういう種類の気を持っているかということになります。

今、日本にもたくさんの気功師がいます。外気によって病気を癒す人たちです。実は、外気による治療は、多少気が高ければ誰でもできるのです。肩が痛いとか、腰が痛いとか、手を患部に当てていれば、そういった症状は簡単に良くなってしまうのです。そういった人たちは、人を癒す種類の気を持っているのでしょう。

しかし、それだけでは気の治療は、病気について、本質的な解決をもたらすことはできません。

私は、たくさんの気功師に会ってきましたが、驚いたのは自分も体の調子が悪いという人がかなりの割合でいるということです。

なぜなのかといろいろ考えたところ、これは、自分で貯め込んだ気を使って治療しているからだということが分かりました。自分の命を削って人を治療しているのです。

これでは、一体何のための治療か分かりません。治療というのは、人を癒すと同時に自分も癒さなければいけないのです。

さらに突き詰めていきますと、気を出すのに命を削らなければいけない原因は、洗心の有無にあります。洗心ができている気功師は、自分で気を貯めなくても、とてもいい気が出るのです。そして、自分が病気になるということがない。しかし、洗心ができていないと、自分が病気になってしまう。

これは面白い現象です。

私は、なぜなのかと考えてみました。

その結果分かったのは、念波の働きが大きくかかわっているということです。

気は、念波の助けを得てこそ初めて奇跡を呼ぶのです。

中川氏など、次章を読んでいただければ分かると思いますが、うまく念波を活用しています(本人は意識しないかもしれませんが)。

念波によって気をコントロールしているのです。

中国の気功師は、毎日毎日訓練をして、何年もたってやっと気が出せるようになります。この訓練というのは、気を貯め込んでいるだけで、洗心ではありませんね。だから、念波の力が借りられないのです。

洗心のできていない超能力者は悲惨な最期を迎えるといいましたが、気功師も同じことなのです。

ここでもう一度整理しておきましょう。

たくさんの気功師がいますが、大きく二つのタイプに分けられます。一つが、念波をコントロールして気を集め、放射している気功師、もう一つが念波に関係なく、気を貯め込んでそれを放射している気功師。そして、前者は人間では考えられないような奇跡的なことを起こすことができるが、後者はそれなりの効果はあるものの自分が病気になったりする。この違いが出るのは、洗心を第一に考えているか、気を貯める技術を優先するかという点にあり、洗心の伴わない気功師は自分自身の命を削って治療しているようなものです。

霊と魂のこと

霊は、人間が死んだときに残るメンタル体とアストラル体のことです。ここには、前世、現世、すべての記憶が残っています。死後の世界を信じなかったり、この世に強い執着を持っていたりすると、霊は霊界へ行くことができません。そして、浮遊することになるのです。この浮遊霊にとりつかれると霊障ということになります。

しかし、霊というのは聞き分けは良く、根気よく、もう死んでいること、人にとりついて迷惑をかけていることを、言って聞かせれば、自分の行くべき場所を思い出し、霊界へ去っていきます。

霊界といっても、生前の修行のレベルによって行く場所は違います。普通のレベルでは、地上から八十キロメートル以上は行けないといいます。修行を積んだ人は、八十キロを超えて他の星まで行ってしまうこともあります。大体、三次元の世界で地位や名誉を得て、経営の神様などと崇められていた人の霊は、浮遊霊になってしまうか、土の下の地獄へ落されることが多いようです。多くの人をさんざん働かせて、自分だけいい思いをしたような経営者は特にその可能性が高いでしょう。　これも、洗心がいかにできているかが、どの世界へ行くかの分かれ目になるのです。

魂は、物質に近いものです。原子核でできています。四層構造でいえば、エーテル体に近いものでしょう。

魂の形をP91に示しておきました。普通の人で、この直径は二十二センチメートルです。洗心が進めば、大きさはどんどん大きくなります。たぶん、仏像の光背は魂の形を表しているのではないでしょうか。

小さい円は、中性子と陽子からできています。人間は、断面図で小さい円が十二個。他の動物は八個ともっと少ないということです。

魂は、特別の場合の他、死んでも残るもののようです。

霊能者の方々が、魂は永遠だと言っていますが、特別に悪事を働いた場合は流されてしまうことも稀にはあるようです。

遠隔治療のメカニズム

力のある気功師になりますと、遠く離れていても病人を治してしまうことができます。東京から気を送って、ニューヨークの病人を治せるといった具合です。それも、すぐ目の前にいる病人を治すように瞬時に気が入ってしまうのです。

中国の研究のように、気が一秒に二十センチメートルという速さだとしたら、説明できなくなります。しかし、先ほど言ったように、気の速さは、中国の研究で間違っていないでしょう。となるとどう考えればいいのか。気の作用だけではなさそうです。

念波なんですね。東京にいてニューヨークの病人を瞬時に治せるという神業が使えるのは、念波が関係しているからなのです。

私は、念波と気がどうかかわっているのか、次のように考えています。

念波は、洗心をすることによって使いこなすことができます。洗心によって、アンタカラーナがエーテル体につながり、メンタル体につながり、さらにアストラル体、コーザル体とつながれば、それこそ神様の力が直接流れ込むのです。

治療してあげたいと思う人がいたら、念波は瞬時にその人の近くに飛んでいきます。そして、念波がその周囲にある気を集め、その気で病人を癒すのです。

ですから、洗心が進んで、高い波動とつながれば、日本からアメリカなどといわず、宇宙の果てまでも念波を飛ばし、そこに病人がいれば治療してあげることができてしまいます。気が念波とくっつけば、これだけの素晴らしいことができてしまうのです。

遠隔治療のメカニズムを見ていくと、念波と気の関係がよく分かると思います。

くどいようですが、気の使い手はたくさんいますが、その中で念波をコントロールできる人というと、ほんのわずかです。それも、アストラル体、メンタル体といった高い次元とつながった念波を使える人はほとんどいないでしょう。

気功師とひとまとめにして言ってしまいますが、ピンからキリまであるということを覚えておいて下さい。

第5章　真氣光の奇跡

中国気功による気の発展は困難であろう

最近になって、気という言葉が当たり前のように使われるようになってきました。しかし、これまで述べてきたように、気とは何か誰も分からない。現代科学の枠では決してとらえられないものなのです。

しかし、大まかながら基準というものが誰が作ったともなく、できているように思います。その基準の底辺にあるのは、気とは中国における気功の伝統であるということです。中国へ行くとお分かりになると思いますが、早朝の公園は老人で一杯になります。各々が太極拳をやったり、木と向い合って長時間立っているといった光景が見られます。彼らは、自分の体に気を取り入れているのです。少しでも健康で長生きできるようにと、一日も欠かさず気のトレーニングをやっているのです。

こういう姿を、日本人は気功として持ち帰って来ました。

中には長年のトレーニングの末、気を手から出して病気が治せる能力を手に入れた人もいます。そういった人は、周りから尊敬され、治療によって豊かな生活ができるようになるのです。

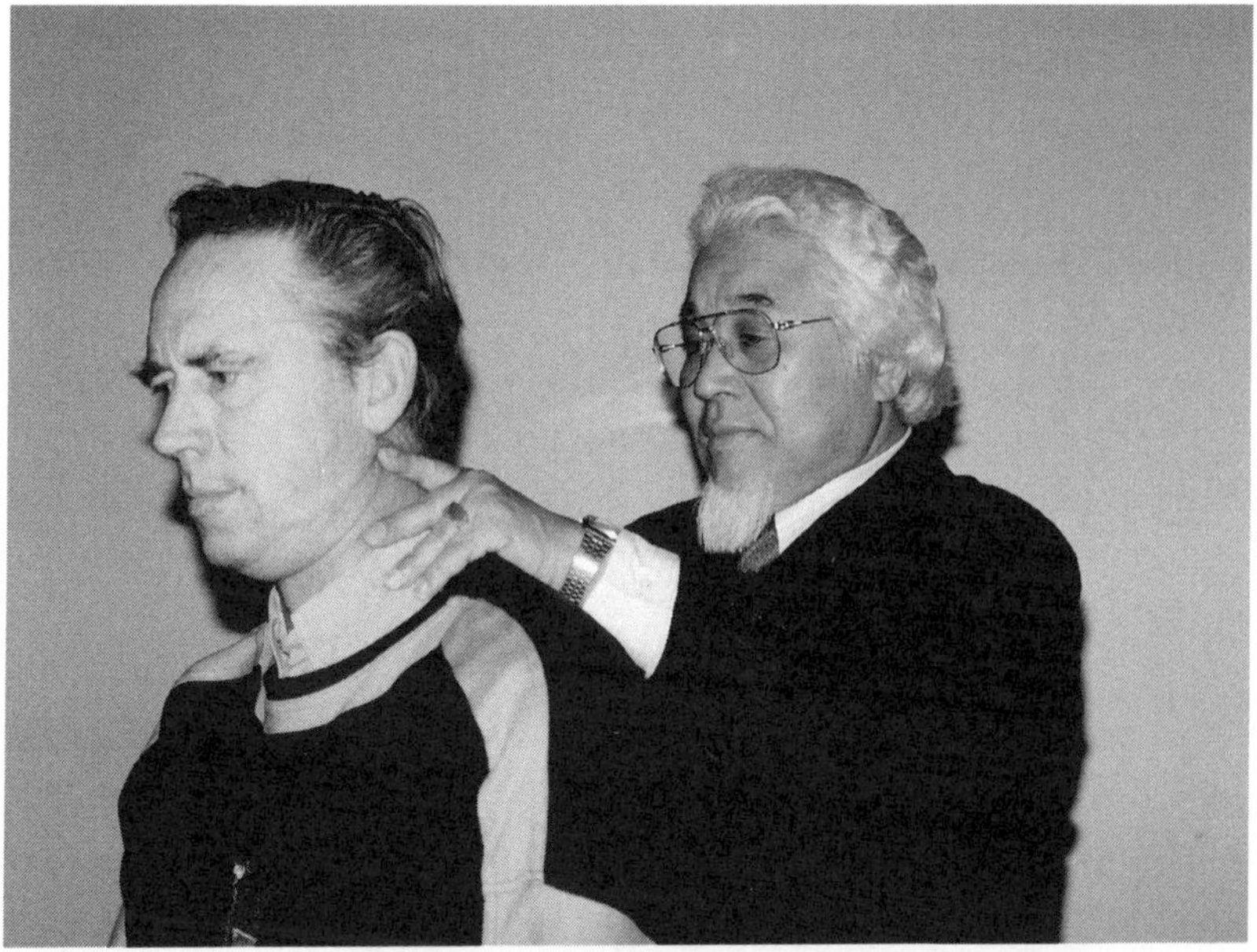

▲気を発光し治療する中川雅仁さん。イタリア・ミラノで。

しかし、そういう人はほんの一部です。こういった人たちが、日本のマスコミに取り上げられ、興味本位で紹介されたりしました。

そのため、日本人の頭の中には、気は中国だという信念がしっかりと固定されてしまったのです。それが証拠に、高いお金を出して、中国まで気功治療を受けに行く人が後を断ちません。「中国には何千年という気に関連した歴史がある。だから気による治療を受けるなら中国だ」という発想ですね。

確かに、中国には気を健康のために活用してきた長い歴史があります。しかし、私は気に関する研究の発展は中国では大変困難なことだとはっきりと言うことができます。

そう断言するのには、もちろん理由があります。

ここまで読み進めてこられた方はもうお分かりかもしれません。最近の中国という国は、唯物論に支配された国だからです。

長年の共産党支配がもたらしたものは、徹底した物質主義でした。信仰を禁止し、目に見えない世界を認めない。そんな態度が実は気に関する研究の発展を妨げてきたのです。

中国の気の研究も、唯物的な研究の領域を出ようとしません。私のように、念波という今までの常識では計れないものの存在を決して認めようとはしません。

【念波の種類と周波数】

表中のマルが中川気功の使用する波動

No.　Body	波の種類	周波数
Ⅰ.肉体	魂	2.513×10^{5}Hz
Ⅱ.シン体	◉ケゴット(磁気)	10^{10}Hz
Ⅲ.エーテル体	◉ディレカ(電磁波)	10^{16}Hz
Ⅳ.アストラル体	◉セギン(電磁気)	10^{18}Hz
Ⅴ.メンタル体	◉ギマネ	10^{22}Hz
Ⅵ.コーザル体	ディレッジ	10^{38}Hz
Ⅶ.ケシ体	◉フィエゴク	10^{42}Hz
Ⅷ.コアド体	複合波	10^{108}Hz

注　この理論を打出すヒントは足立育朗氏より与えられたものです。

複合波というのは、KEGOTをK、DILEKAをD、CEGINをCE、GIMANEHをGI、DILGJをDI、FIEGHOKをFIと略記したとき、(K+D+CE+GI+DI+FI)となり、総和の意味です。

なお、シン体以下、チョード体まで、すべて宇宙語で、その綴りは、HCIN、KECIおよびCHOADと書きます。ここにエーテル体などはすでに地球語となっているので省略してあります。

気は、磁力だ、電磁波だと、現代科学で計測可能なものにしか目を向けないのです。磁力も電磁波も気の一部ではあるかもしれませんが、逆に言えば一部でしかない。それにもかかわらず、その周辺を模索することしかできないのは寂しい限りといわざるをえないのです。

日本の科学者も同じような考え違いをしている人がたくさんいますが、彼らも中国が気に関しては先進国だという勘違いをしているからこそ、目に見える世界ばかりを追いかけて満足してしまっているのです。

ですから、中国ではどうしても気は健康のためのものという枠から出ることができません。もう既に気は、人間の健康というレベルからはるかに高い次元まで、その活用の仕方が理論的に構築されているものだというのにです。

私は、別に中国の悪口を言っているわけではありません。しかし、科学者として冷静に客観的に見て、目に見える部分だけで気をとらえようとする中国では、気の研究はこれ以上発展しないでしょう。気の研究の発展の舞台は、もう日本に移ってしまったのです。

気の常識を変革させた真氣光

気の発展を日本に持ち込んだのは、きっと何人もいるでしょうが、私が「この人だ」と自信を持って言えるのが中川雅仁氏です。

読者の中にも、中川氏の名前を聞いたことのある方は多いと思います。中には、「あの中川が。あんなのは宗教じゃないか」と、批判的に見る方もいるでしょう。

実際、私が会長を努めているサイ科学会の会員でも中川気功を理解できない者があるくらいだから、一般の方がわからないのも無理がないのです。

確かに、中川氏を批判する気持ちは分からないでもありません。というのも、中川氏の言う気はこれまでの気の常識をはるかに超えてしまっているからです。

この辺で、まだ不完全ですが、気の理論をのべておきましょう。

それには、気の粒子とそのエネルギー波動にわけて考えなければなりません。

気の粒子は直径1オングストローム程度のもので、スピードは空気中で毎秒数十センチ、体内の気道で毎秒20センチくらいの遅いものです。

一方、これにエネルギーを与える各種波動は、現代科学で知られている三種と、未知の四種とがあります（P147の表を参照）。

中国気功では、せいぜい始めの1種か2種しか使わないので、治療の効果は緩慢なのに対し、中川気功では◉印をつけた5種類の波動をすべて使っているので、効果は瞬時に現れます。

また、気の粒子は伝達速度が遅いのですが、波動の方は光速以上の非常に早いものです。この点が中川気功に対抗できる気功がない理由です。

気と長年かかわっている人は、中川氏の「気は一週間で出せる」という言葉にカチンときます。

そんなことは、従来の気に対する考え方ではありえないことだからです。これも、中国の気の固定観念に振り回されてしまっているためにカチンとくるのでしょう。

正直、私も一週間というのは、ちょっと短いんじゃないかと最初は考えました。しかし、中川氏が実践している下田での合宿のプログラムを見たり、あるいは参加した人の話を聞いたりすると、一週間という期間が決して短くないということがよく分かります。

本書の中で、私は中川氏の真氣光を非常に重視していますが、真氣光が気のすべてだと言っているわけではありません。しかし、真氣光が私たちに訴えていることはとても重要なことは間違いないとはっきりと言えます。

で、それというのも、現在主流を占めているいわゆる気の世界の流れは、どうしても三次元的なものから抜け出せないでいるような気がして仕方がないからです。

それは、気を気の粒子、それにエネルギーを与える波動にわけたとき、気の粒子が同じだとしても、エネルギー波動の種類が中国気功では1～2種というのに対して真氣光は5種類ものエネルギー波動を活用しているため、即効性、万病に適用可能というのにかかわらず、中国の気こそ正統なものという間違った認識の産物であることは明かです。

それに対して、真氣光は気を高次元において圧倒的に強い力をもっているギマネ波を利用しているからです。

ヨガは、本来は宇宙と人間の関係を追求する高次元的なものであったにもかかわらず、いつの間にか何やらアクロバティックなポーズにばかり気をとられてしまう安っぽい三次元的なものにすり替えられてしまいました。同じように、気もまた、気功法だとか気功術といった「方法」、「術」にとらわれたものになろうとしているのです。それでは、何のための気なのか、まったく本末転倒というしかないのです。

中国の気は、二十世紀の気です。三次元的、物質的世界でしか通用しません。私たちは、今からは二十一世紀の気を見ていかなければいけません。

そのためのケーススタディとして、これから中川氏の気に対する考え方を紹介し、それに私の考えを付け加えるという形で、一歩進んだ気の世界を紹介していきましょう。これまでの気の考え方からは、はるかに逸脱してしまっているものばかりかもしれません。しかし、私は一年以上じっくりと真氣光を見てきて、ここにこそ気の真髄があるという部分にたくさん気づかされました。真氣光は、決して気のすべてを語っているわけではありませんが、真氣光が求める先に必ず気の本質があるでしょう。

つまらない先入観を持たずに、中川氏の言葉に耳を傾けてみたいと思います。

気は写真に写る

「ここにある写真を見て下さいよ。光が写っているでしょ。これが気なんです。いろいろな色が写ります。白いのがいい気です。癒しの気ですね。赤い色は病んでいる気といいますか、病人がいるとよく写ったりします。

黒は酒の席なんかでよく出ます。いい気ではないですね。酒の席でも緑の光が写ったりします。これは、楽しい気なのです。楽しい席にはよく出ますね。

何年か前から、こうやって写真に気が写るようになったんです。弟子たちが、自分にも写ったって言って送ってくれるんです。百枚以上ありますよ」(中川氏)。

気が写った写真を何十枚も目の前に並べられたときは驚きました。単発で一枚とか二枚を私のところへ持ち込んで来た人は何人かいましたが、何十枚という単位でどさっと見せられたのは初めてのことでした。確かに、あれだけ数がそろっていると迫力があります。気が存在するのだという説得力があります。

先に述べたように、これがすなわち気で非常に大きなエネルギーを持っている証拠です。その工ネルギーが病気をも治してしまう原動力なのです。

波動エネルギーは、光りそのものです。たぶん、私は気がカメラの中に入ってその付与されていた波動エネルギーを放射するために、光に変わるのだと思います。

そして、とても興味深いことは、誰が写しても気が写るというわけではないということです。ある程度気の分かった人でないと写らないというのです。

ここが気の面白いところです
科学というのは、普遍性、再現性があることを原則としています。ですから、AさんにはできてBさんにはできないことは、科学の俎上には乗らないのです。普遍ではないという理由でです。

さらに、気は、いつも写るとは限っていません。一度しか撮れなかったという人もいますし、たまに忘れたときに写るという人もいるようです。再現性がないわけです。

このように、気は写真に写るという現象の周辺をながめても、確実に現代科学に挑戦している存在だと考えずにいられません。

しかし、事実は事実と見ていけば、写るときには気は写真に写るわけです。これを解明していくのが科学の本当の姿なのです。

これらは写真と違い、現象に現れた結果だけを示すのですが、先に述べた二つの気の要素を考えたとき、エネルギー波動の方に各種あって、どれが優位にあるかによって、色の差ができるのです。

中川氏の見せてくれた写真をじっくりと見ますと、面白いことが分かってきます。白い光を見るとよく分かるのですが、光が螺旋状に走っているのがはっきりと見て取れます。

かつてライヒという生理学者が、彼は超能力者だったようですが、気は螺旋状に流れるのと、粒子状に飛ぶのがあると発表しています。彼にはたぶん見えたのだと思いますが、中川氏の写真を見ると、確かに螺旋がくっきりと写っているのです。

それは、中川氏が気を出している写真だとさらにはっきりします。右手からは螺旋の気が左手からは粒子の気が出ているのです。

気の正体を突き止めるのに、これほど有力な手掛かりはないでしょう。今のところ、写真に写るなら気はあるのかもしれない、という程度の反応しか得られない状態ですが、間もなく、この写真が大きな意味を持つようになってくるはずです。

気には相がある

「気にはさまざまな種類があります。それは、写真に写った色によって分けるのが一番簡単な方法ですが、たまに気の相が写真に写ることがあるんです。

最初に撮れたのが、何人かの弟子と一緒にヨーロッパへ行ったときのことです。一人の弟子が、凱旋門やノートルダム寺院なんかを撮ったところ、一面にチューリップの花のような光が写ったんです。

何枚も写りました。それを見比べると、中にはチューリップの花が逆さまに写っているもの、丸い形に写っているものと、いくつか種類があるんですね。

これを見て、気には相があることが分かりました」（中川氏）。

気の相というのは、私も初めて聞きました。でも、確かに写真に写っているのは、形を持った気でした。写真から浮き上がってくるような強烈なエネルギーで、そのチューリップの花のような気が写真の一面を覆っていました。

私が考えるに、気は念波によって集められます。気が誰にでも写らないというのは、念波の強さによるのです。ある程度の念波の強さがないと、気は集まってこないし、カメラに入り込むこともしません。

また、念波は光速を超えるほど速いのに、気の粒子は音速にも及ばないほど遅いのです。

そして、ある程度の念波が出るようになると、光が写るようになります。

相が写るというのは、さらに強い念波が働いているのではないかと思います。といっても強い念波が働くというのは、写真を撮った人の念波が強いということには一概にはなりません。

周りの気との関係の中で決ってくるものです。

その場所の気と撮影者の気の関係の中で念波が働いたり、師匠である中川氏の気との関係の中で働いたりするのではないでしょうか。

そして、気の相は、そこで発生する念波の種類によって変わるように思います。念波の種類については、先に説明した通りです。その場所との関係において、あるいは中川氏との関係において、幸せな念に包まれていれば、そういった相の気が写るでしょうし、悲しいときには悲しい相の写真が撮れるのです。

気の写真は、中川氏がいる場所でなければ撮れないといいます。ということは、中川氏の気との関係の中で、必要なときに必要な写真が撮れると考えた方がいいでしょう。中には、気の写真が撮れるから自分のレベルは高いのだと思い込む人がいますが、それは大きな勘違いです。確かに気が写るというのは、一つには自分のレベルが上がったという目安にはなりますが、それは写らない人よりもレベルが高いということにはならないのです。同じように、写らないからといってレベルが低いということにもなりません。あくまでも、中川氏を動かしている力が中川氏を通して弟子の方々にもそれぞれの役割を与えている。その一環として、写真に気の光が写ったり、気の相が写ったりするのです。

気は、意識を持ったエネルギーを含むものです。神様につながるエネルギーです。

神様は、さまざまな形で、神の世界の入り口でもある気の存在を見せてくれるのでしょう。宗教の世界を離れても、神の存在を否定することはできません。

気は光より速い

「私は、日本時間の朝七時と夜十時に世界に向けて気を送っています。世界のどこにいようと、毎日送っています。私の気はどんなに遠くても瞬時に受けることができます。気は光よりも速いのではないでしょうか」(中川氏)。

このことについては、既に述べたように、念波が非常に深くかかわっています。気の粒子は、気道の中で中国の研究にあるように一秒に二十センチメートル程度しか進みません。しかし、念波を使えば、四次元波なら光で千年もかかる距離をわずか十万分の一秒で行ってしまいます。五次元波ならさらに速く、到達してしまいます。

中川氏のような気の指導者になりますと、ギマネ波のように、他の気功師の知らない高次元の念波を使っていますから、彼が頭の中で思った瞬間に念波が届いて効果を発揮してしまうのです。念波には、周囲の気を集める性質があります。光よりも速い速度で念波が広がり、念波を受けた人の周囲の気を集めるのです。

そして、ギマネ波が使われた時の効果は非常に大きくて、どんな難病でも即効的に治してしまうわけです。

また、それが遠隔治療のメカニズムなのです。

さらに、中川氏が飛ばした念波には中川氏の気の波動が記憶されています。ですから、その波動にあった気しか集まってこないというわけです。つまり、中川氏の場合は、人を癒す気が集まってきます。

これは決して人間としてはやってはいけないことなので、厳しくつつしむべきことなのですが、よく、人を呪い殺すということを言いますが、これも遠隔治療と似たところがあります。呪いの念（この場合の念は前記の念波とは違います。呪の念は邪念のエネルギーを含む組織体です。つまり物質と考えて下さい。しかし、物質とはいえ、光よりも速い速度で移動します）が呪いの対象に向かって光よりも速く飛んでいき、そこでその呪いの持つ波動にあった気を集めてくるのです。呪われた人は、その呪いのエネルギーの強さによって、すぐに病気になったり、事故にあったり、じわじわと不幸になっていったりするわけです。

しかし、念の性質として、出した念は必ず反作用として帰ってきます。他人のことを思いやる念を出せば、同じような念が自分にも届きます。呪いの念を発すれば、呪いの念が帰ってくるのです。

宇宙の法則の一つに「原因があれば必ず結果がある」というのがありますが、自分が念を発したという原因は、必ず自分の身に結果を生み出すのです。

録音テープに気が入る

「気功治療をするときに、私は音楽を流しています。実は、そのテープには気が封じ込めてあります。封じ込めた気が音楽に乗って流れてくるのです。これは、いくら使っても減りません。

同じように、ビデオテープにも気は入ります。私がいないときは、ビデオをかければ気を受けることができるのです」(中川氏)。

録音テープには、フェライトという磁性の粉末が塗ってあります。これは、一つの結晶です。この結晶がピラミッドの働きをします。

ピラミッドのように気を集めたり貯えたりできるのです。

私は、一年ほど前にそのことに気がつきまして、ピラミッドハウスの中でテープに気を入れ、使っています。そのテープを聞くだけで肩こりがとれたりするので、非常に評判がいいので、これをPPT（ピラミッドパワーテープ）と名付けて、いつも流しています。

気は、連続的にテープに出入りしているようです。ですから、一度波動を記憶させれば、同じ波動の気がいつもテープの中に入っているのです。

録音テープを回すと、ヘッドを通って気が循環します。そして、電線を通ってスピーカーまで運ばれ、スピーカーから外部に放散されるのです。

このメカニズムを、私は「STAR効果」と名付けました。テープには、気をStorage（貯蔵）し、「Transmission（電線を通して伝達）し、Absorption（外部から吸収）し、Radiation（放射）する性質があることから、その頭文字をとって名付けたのです。

実は、このことを思いついて、実際にPPTを作ったときは、これは大変な発明だと大喜びしました。ところが、中川氏と会ってみたら、彼はすでに実用化している。これには驚くと同時に、ただものではないと感じました。

さらに、中川氏はビデオテープにも気を貯えて、それで治療をやってしまっている。まったく進歩的としか言いようがありません。

先に、中川氏の気を良く思わない人がいることを述べましたが、こういった録音テープやビデオテープに気を貯えるという方法も、やはり今の段階では理解を超えたものなのでしょう。

しかし、ピラミッドパワーや水晶のエネルギーのことが分かっているなら、テープに気を貯えることは十分に理解できるはずなのです。ピラミッドや水晶という昔からエネルギーと関係しているといわれ、神秘的な響きを持ったものなら許せるけれども、録音テープという実用的なものは許せないという、どうもそういった偏見があるとしか思えません。

あらゆるものに気を封じ込めることができる

「テープだけでなく、気はあらゆるものに封じ込めることができます。石ころでも大丈夫です。だから、私の気を封じ込めた石ころを痛いところに当てれば痛みは取れてしまいます。しかし、気の入りやすいものと入りにくいものがあります。入ってもすぐに抜けてしまうものもあります。私は、いろいろな気の商品を販売していますが、すべて私の気を封じ込めたものです。

そして、強い波動を受けても波動が変わらないように、あるいは何年たっても気が抜けていかないように、私の名前がすべての商品に入れてあります」（中川氏）。

これも画期的な話です。

中川氏は、気を封じ込めるという表現をしていますが、私の考えでは「念、あるいは意識を入れる」といった方が正しいと思います。

つまり、遠隔治療のところでも述べましたが、時間の空間を超えて念波の気を集める性質を利用しているのです。

中川氏が扱っているさまざまな気のグッズには、中川氏の念波がいつも流れていて、その念波の波動に合った気が流れ込んでいるというわけです。だから、いつもそのグッズの周りには癒しの気が集まってきているということになります。つまり、その気によって病気も癒されていくのです。

それから、名前を入れておくと気が抜けないし、強い別の波動を受けても波動が狂わないということですが、これも名前には念がこもっていると言えば、なぜなのか理由が分かると思います。「中川雅仁」という名前は、中川氏の念が強く入っています。そして、そこからは中川氏の念波が発せられ、癒しの気が集まってくるのです。

特に、活字ではなく自分で書いたものの念は強いものがあります。だから、サインをもらうということは、その念をもらうということです。

あなたが今読んでいるこの本には、同じように私の念が入っています。前に『念波』という本を書いたときも、その本を枕の下に敷いて寝たら不眠症が治ったという手紙をもらったことがあります。これも、私の念が周りの気を集めてきて、その気によって不眠症が癒されたのでしょう。

扱う人の気が大切

「気のグッズを扱っていて気がついたのは、それを扱う人の気持ちが、そのグッズの持っている気に非常に大きな影響を与えるということです。

いろいろなグッズが私のもとへは持ち込まれます。私は、必ずそのグッズがどういう気を持っているかを調べるわけですが、中にはどうしようもない悪い気の物があったりします。しかし、それとまったく同じ品物で、気の質が全然違うものが持ち込まれたりする。

どこが違うんだと調べてみると、それを持ち込んできた人の気が違うんですね。悪い波動の商品を持ってきた人は、必ずこれで一儲けしてやろうと思って来ている。いい気の商品を持ってきた人は、いい商品だからこれでみんなに幸せになってもらいたいという気持ちなんです。

この思いの違いが商品の気の良し悪しに大きな影響を与えるんですね」（中川氏）。

中川氏は、水晶の話もしてくれました。水晶は、気を集め増幅する作用があるというので、とても人気のあるエネルギー石です。しかし、安易に持つことは危険です。というのは、悪いエネルギーも集め増幅してしまうからです。

中川氏も、アメリカから大量に水晶を買ってきたことがあったそうです。しかし、その波動があまりにもひどかったため、中川氏の波動を記憶させるのに随分苦労したようです。いろいろと調べてみると、それを扱っていた業者が金儲け第一主義で、水晶をあくまでも金儲けの道具としか見ていなかったということが分かったそうです。

その後、別の業者から買ったところ、今度は素晴らしいエネルギーの水晶だったので、扱う人の気がいかに大切か痛感したというのです。

水晶は、特に顕著に扱う人の気が影響します。取れた場所も大事でしょう。

ですから、気のグッズだからいいだろうと、安易に身に付けると、逆に具合が悪くなってしまうことがあるのです。

すべて念の影響でしょう。

このように人間の念は非常に強いものだと言えそうです。どんなにいいものでも、マイナスの念を持った人の手を経てしまうと、すべてがマイナスになってしまうのです。

骨董品や古い絵などで、それを持ったばかりに不幸が訪れたということはよく聞きます。これも、前の持主や扱い主の念が取りついているため、悪い気がどんどん流れ込んでくるのです。

こういうことを考えていきますと、念波とは神のエネルギーとつながるものですが、ちょっとした油断で魔のエネルギーが瞬間的に流れ込むということが分かってきます。洗心についてお話しましたが、常に洗心を心がけてつながるのはもちろん神のエネルギーです。しかし、その逆をやっていれば、人を憎んだり、妬んだり、呪ったりということですが、魔のエネルギーとつながってしまうのです。

そして、魔のエネルギーも神のエネルギーと同じような巨大な力を持っており、人を呪い殺すことも簡単にできてしまいます。しかし、反作用として、その報いが必ずくるということは既にお話しました。

気のグッズでも同じことです。神のエネルギーとつながったものもあれば、魔のエネルギーとつながったものもあります。どちらとつながるかは、作った人、販売した人の気持ちに大きく関係しているのです。

サイ科学的原子力発電危険論

「原子力発電で作られた電気は、非常に悪い波動を持っています。放射能の波動を持って家庭に送り込まれているのです。そんな電気を毎日使っているというのは、放射能を毎日浴びているようなものです。これも、病気の原因です」(中川氏)。

録音テープに貯められた気が電線を伝って流れるといいましたが、そのことから考えれば、原子力発電の気は電気と一緒に電線を伝って家庭に運ばれると考えられます。

中川氏が言うように、原子力発電の波動は放射能の波動です。直接放射能を受けるほどの強烈な悪影響はないにしろ、何年かの間にまるで放射能を受け続けたような影響が出てくることは十分に考えられます。

とくに、心臓に悪いと宇宙人が警告しています。

このことも、私はいろいろな場所で警告してきました。なかなか耳を貸してくれるような人はいませんでしたが、中川氏に会って原子力発電の話を聞かされ、初めて同志を得た思いがしました。

原子力発電は、事故があったら大変だ、廃棄物をどうするという点で、反対運動が起こっていますが、もっと深い部分で危険性があるということを分かっていただけるでしょうか。気には、意識のあるものとないものがあります。人間が発するものには意識があります。それに対して、ここで問題にしている電気には意識がありそうもありません。

食品に含まれる化学添加物が体に悪いと言われていますが、それは成分的に有害であるという点もありますが、それ以上に重視しなければいけないのは、その物質が持つ波動でしょう。自然界に存在しないものを人間が合成したもので波動のいいものは一つもありません。

農薬が悪い、化学肥料が悪いというのもそういった理由です。化学薬品が、副作用ばかりで効果がないのも波動が原因です。

見えない世界からアプローチしていけば、本当にいいものとわるいものがはっきりと合理的に区別できるのです。

プレアデスの宇宙人からの情報によりますと、原子力発電で作った電気を浴びていると、心臓病やガンになりやすくなるそうです。

ハイゲンキからは気が出ている

「ハイゲンキは気の中継装置です。気を集めて放射します。しかし、構造にはあまり関係ありません。私の気がヘッドの部分に封じ込めてあるので、ヘッドの部分だけで効果があります。本当は、電源なんか入れないでも効くんです」(中川氏)。

中川氏の気の医療の原点は、中川氏自らが開発したハイゲンキという気の中継装置だそうです。とくに、その中でも、強力な念波はギマネ波です。

ここで、中川氏は「構造には関係ない」と言っていますが、私はひと目見たときからこの装置の構造を非常に重視しています。特に、ヘッドと呼ばれている気照射部の先端ですが、ここに気を発生する仕組があるのです。

私は、ハイゲンキの構造設計図面を見せていただき、先端部から気が発生することを確信しました。というのも、私が一九八一年に出版した『サイ科学の全貌』という本にも書いておいたのですが、ピラミッドの下に永久磁石を置くと、気が発生することが分かっていたからです。

ハイゲンキのヘッドの先端部は、まさしく私のいう気の発生する構造になっているのです。

二十五個の小さなピラミッドが並べられ、その下に永久磁石がセットされています。気は、この部分で発生し、ピラミッドの先から外部に放射されます。

ピラミッドを使うというのが一つのポイントです。気は、ピラミッドの高さの、下から三分の一のところに集まる性質があります。しかし、ピラミッドの一辺を正しく南北に合わせないと、効率良く気は集まりません。部屋などに備え付けるピラミッドならそれでもいいのでしょうが、持ち運んだり、絶えず方向が変わったりする場合、正しく南北に合わせろと言われても困ります。それで、方向を合わせる代わりとして使われているのが、永久磁石なのです。磁石の手助けによって、方向が多少ずれても気は集まってくるのです。

もう一つのポイントは、ヘッドの先端部が振動しているという点です。振動は、決して患者さんの肌に刺激を与えるという意味で使われているのではありません。あくまでも、気を効率的に集め照射するという意味合いでの振動です。振動は、磁力線と磁石の間に相対位置の変化を生じさせ、ピラミッドに気を供給しやすくなるのです。

ですから、ハイゲンキは、構造的にも、科学的な気の発生装置だということができます。

と同時に、中川氏の気は、すべてのものに波動を記憶させることによって、その波動に合った気を集めてくるという方法で活用していることを考えると、ピラミッドだけでは説明しきれないものがあるようにも思えます。

それが、中川氏が構造は関係ないと言う理由なのでしょう。もしそうなら、中川氏の考え方は、私が考えている以上にレベルの高いものと言えるでしょう。

そこで、ハイゲンキからどうして気が出るのか、中川氏に尋ねてみました。そうすると、案の定と思える非常に興味深い話が聞けたのです。

「ピラミッドの下にセラミックの円盤が置いてあります。そこに、私の気の波動が植え付けてあります。

ですから、機械の構造に関係なく気が出るのです。

本当に、電源を入れなくても効いてしまうんですから。電気を使うのは、科学を信仰している人たちを安心させるためだと言ったら笑いますか」

笑いはしませんが、気の本質を見事にとらえた言葉だと思います。

一般に、セラミックは、高次元の波動エネルギーを蓄えるのに最適です。

このハイゲンキという気の中継（発生）装置は、中国とロシアでも製作されるようになったそうです。しかし、ヘッドの部分だけは必ず日本で作ってそれを中国、ロシアに送っている。その理由は、ヘッドの部分には中川氏の気を記憶させるという作業が必要だからです。

嘘みたいな話ですが、気はまさしく生き物です。とても現代科学では理解できないというのも無理はありません。

気の流れは信頼関係に左右される

「ハイゲンキは、電源を入れなくても効きます。電気を使うのは、科学を信仰している人を安心させるためです」（中川氏）。

気の医療は、万能の効果を持ちます。どんな病気にも劇的に効くのです。ただし、ギマネ波がなかったら、効果はガタ落ちでしょう。

しかし、治らない人も現実にはいます。治らない人はどんな人なのか観察すると面白いのですが、一番顕著なのは「気を信じない」人です。そういう人に限って、「俺を治したら信じてやる」というような横柄な口をきいて、治療家を閉口させます。

こういう人は、まず治らない人だと考えていいでしょう。治療するだけ、時間と労力の無駄だと思って下さい。

逆に信じる人は、ほんの一瞬触っただけで治ってしまいます。

それだけ信じるエネルギーというのは大きいものなのです。私の本を枕の下にひいたら不眠症が治ってしまったなんていうのも、信じてくれているからこそです。

ハイゲンキの話に戻りましょう。あの機械は、気を発生させる、あるいは中継する装置です。それにプラスして、機械であるという点が、消費者に信頼感を与えているのです。信頼が、治療効果に大きく影響を与えていることを知っているからこそ、機械という三次元的な形にしたのです。

機械から実際に発生している気が、信頼という架け橋によって、治療を受ける人の体内に入りやすくなるという二重の仕掛がなされていると考えてもいいでしょう。

中川氏の気の波動を記憶させれば、石ころでも効果はあります。しかし、石ころでは有り難みがないし、信頼性も得られない。それなら、現代人が最も信じやすい機械の形にし、電気で動くようにするなら、有り難い気持ちでその機械を使うだろうし、その分だけ効果高いと、そういう発想でハイゲンキはできたようです。

そんなの詐欺じゃないかと、文句を言われる人もいるでしょうが、現実に確かな効果があるのだし、私が分析したように、気が出る構造は持っているわけです。しかし、それ以上に気の性質を考えに入れた上で機械という形をとったと、そう考えれば、中川氏の考えの深さ、親切さがお分かりになるはずです。

病気はすべて霊障が原因である

「病気というのは、すべて霊障が原因なんです。言い方を変えれば、悪い波動がついてしまっている。だから、その波動をとってしまわなければ病気は治らない。しかも、霊障は目に見えない部分に憑き、肉体には原因がないのですが、結果は肉体にでてくるのです。

私の気によって、悪い波動を取っていく。それが私の治療です。その過程では、悪い波動であるひょうい霊がしゃべりだし出したりすることもあります。そのときは、彼らがどこへ行くべきか、きっちりと教えてあげて、成仏させてあげるのです。浄霊するわけですね。そうすれば、病気は良くなってしまうんです」（中川氏）。

インテリと呼ばれる人たちが、もっとも抵抗を示す言葉が、この「霊障」でしょう。多くの知識者は、中川氏が霊障という言葉を口にした途端に、拒絶反応を示します。

学校で習わなかった言葉は、学校で成績が良かった人ほど、受け入れを拒否するものです。

そのくせ、潜在意識だとかイメージだとか、霊と同じように何の実体もないものでも、学問的な領域で使われていれば何の疑問も持たずに使っているのです。

「霊障というのは、潜在意識が無意識のうちに出てきた状態でしょう」と、物知り顔で言う人もいると思いますが、これでは分からない言葉を分からない言葉で説明しているだけで、何ら本質を説明していることにはなっていないのです。

結果的に、その言葉の持つ響きです。霊という言葉が、その怪しげな響きゆえにどうしても嫌われてしまう。そういう背景があって、霊障と口にすると、いかがわしい人だと、そういう判断になってしまうのです。

中川氏は、伊豆の下田で毎月「医療気功師養成講座」を開催しています。そこを見学すれば、霊障が本当に存在することが、目の前で展開する光景を見るだけではっきりと分かります。

例えば、こういう光景が見られるのです。

中川氏が、気を送ると、二〇〇人近い参加者のうち一割くらいの人が、「ギャー」とか「わー」とか、叫びながらのたうちまわります。中には、「痛いよ、痛いよ」と悲しそうな声を上げたり、「助けて下さい」と両手を上の方へ上げながら哀願の声を出したりする人もいます。初めて見る人は、背筋が寒くなるのを感じるでしょう。

合宿が始まって何日かたつと、中川氏が病人にとりついている霊と話し合うシーンを見ることができます。

次のような具合に会話は始まります。中川氏は受講生にいろいろと説明しながらひょうい霊を気で浄化していくのです。

中川「お前、名前は何ていうんだい。名前だよ、何ていう名前」

(患者は分からないと首を振る)

中川「(受講生に向かって)お化けは名前がないんです。名前は肉体に付いていますから、肉体を失った霊には名前がないんです。だから答えられない。

(霊に向かって)おい、あんたはもう死んでいるんだよ。死んでいるんだから、こんなところにいちゃだめだ」

患者「(首を振りながら)死んでいない。死んでなんかいない。ただ、暗いところへ閉じ込められて、何だか分からない」

中川「お前は、死んで真っ暗な世界へ行ってしまっているんだ。だから、私の気を受けて明るいところへ行きなさい。

光が見えてきたでしょ。光の方へ行けばいいんだ。ほら、さようなら」

こういう会話を根気良く繰り返しながら、中川氏は霊を納得させて霊界へ送ってあげるのです。気を受けることによって、ひょうい霊は、自分が死んだことに気づき、行くべきところへ行くといいます。霊が離れると、どんな病気もどんどんと回復していきます。

私は、この霊障という現象を、脳の四層構造から説明しています。人間の頭部は、見えない脳が四層に取り巻いています。肉体に近い側から、エーテル体、アストラル体、メンタル体、コーザル体と呼んでいます。

人間が死ぬと、この四層のうち、アストラル体とメンタル体が、霊界へ行きます。エーテル体は肉体とともに消滅し、コーザル体は神様の預りとなります。

霊界へ行くはずのアストラル体とメンタル体ですが、その持主である死んだ人が、生前、死後の世界を信じてなかったり、この世に強い執着を残していたりすると、霊界へ行けずにこの世をさまようことになります。これも人間の強い念によるものでしょう。

そうやってさまようことになった霊は、安定を求めて、自分の波動と似通った波動を持つ人にとりつきます。波動の低い人を見分けると瞬時にして入りこみます。

そして、とりついた人のアストラル体、メンタル体を歪めるのです。

その歪みが肉体に現れたのが病気です。ですから、病気は見えない部分を治さなければ治らないのです。

さまよっているアストラル体、メンタル体にとりつかれるのが霊障です。そして、霊障が病気を作り出しているのです。

霊障対策をお教えしておきましょう。

何度も言ってきました洗心が重要なのです。洗心さえ心がけていれば、波動が高まって、波動の低い浮遊している霊も入り込めなくなります。自分がしっかりすることが霊障から免れる唯一の方法なのです。結局は、死んだ後、自分の霊がさまよってしまうのも自分自身の責任だし、さまよっている霊にとりつかれてしまうのも自分自身に責任があるからなのです。

波動が高まらなければ、中川氏にいくら浄霊してもらったところで、また、低い霊にとりつかれてしまいます。そのことを、中川氏は浄霊をするとともに、合宿の中でくどいほど言っています。

霊のことに触れなければ病気も治らないし、人生もうまくいかないということが実感できるのが、下田での合宿なのです。

宇宙人にとりつかれた女性

下田の合宿に参加していた女性で、宇宙人にとりつかれたという方がいました。Iさんという千葉に住む四十代後半の女性です。

自律神経失調症ということで、下田へは参加したようです。疲れやすく、仕事ができない状態でした。

その方が、気を受けているうちに変な言葉を話し出したというのです。日本語ではありません。英語でもない。

そのとき、五～六ヶ国語が自由に話せるという通訳の方が来ていたので、一体何語を話しているのか相談してみたそうですが、全然分からなかったといいます。

ところが、この人もたまたま合宿に参加していたのですが、ロシアの建築家が、Iさんの話している言葉を聞いて、「これは、ロシアなまりの英語だ」と言い出したそうです。そして、彼がIさんの言葉を通訳したところ、Iさんは、次のようなことをずっと訴え続けていたようです。

自分は宇宙人だ。アメリカでＵＦＯが事故で墜落し、自分は瀕死の重傷を負って、今はアメリカのマサチューセッツ工科大学の地下にある研究室に閉じ込められている。自分は、幽体離脱して、ここへ助けを求めに来た。

という内容の話です。

私はかねがねＵＦＯのことも、宇宙人のことも知っていたので、事故を起こして墜落することはありえないと信じていましたので、この宇宙人は多分、地球よりいくらも進んでいない星の住人で、ＵＦＯの製造も宇宙で行われたのではなかろう、と直観しました。

私は、Ｉさんが変な言葉を話している現場を見ました。そして、何よりも興味深かったのは、ドイツの女性霊能者がＩさんの中にいる宇宙人を手術で取り出す現場も見学させてもらったことでした。

もちろん手術と言ってもメスを使ったりするわけではありません。Ｉさんのオーラの中に入り込んだ宇宙人を霊的な力で取り出そうというのです。

三十分ほどの手術でした。静かな中で始まった手術でしたが、宇宙人が取り出されるときにＩさんが激しく暴れたり、宇宙人の頭には角のようにアンテナがあるらしく、それがＩさんのオーラに引っかかったりして、なかなかスムーズには終りませんでした。

しかし、一旦取り出すと、Ｉさんは今まで話していた変な言葉を一切忘れてしまっていました。自分が、何かにひょう依されていて、コントロールできなくなっていたことは覚えているようでしたが、もう言葉は普通の日本語に戻っていました。

もちろん、彼女はロシアなまりの英語など話せるはずもありません。すべて、宇宙人の霊がやらせたことです。

中川氏に聞いても、宇宙人がひょう依するということは珍しいことだそうです。私も初めて聞きました。たぶん、宇宙人といってもそうレベルの高いものではなかったと推測しています。レベルの高い宇宙人なら、ＵＦＯが事故を起こしたりしないでしょうし、人間にひょう依しなくても、研究所から脱出するくらいわけないはずですから。

ひょっとすると、低級霊が宇宙人を装っていたということも考えられます。

Ｉさんにひょう依していたのが宇宙人かどうかは、何とも言うことができません。しかし、Ｉさんは何物かに自分を乗っ取られてしまって病気になっていたことは確実です。霊障だったわけです。

霊障を無視してしまうと、病気の本質が見えなくなってしまいます。霊障を知ることによって、自分の生き方を見つめることができます。

人間は有限の存在ではありません。肉体が滅びても、見えない自分がずっと生き続けるのです。それをたまたま霊と呼んでいるのですが、それに抵抗があるなら違う呼び方を考えればいいでしょう。しかし、何と呼ぼうが肉体以外の存在があることは確実で、そのことを私たちは知らなければいけない。そして、その存在を考えに入れた上で生き方をも考えていかなければいけないのです。

気は一週間で出せる

「気を出すのに修行は必要ありません。一週間あれば気は出せます」（中川氏）。

これも、霊障と同じくらい、気の関係者にとっては、抵抗のある言葉でしょう。これだけで中川氏を拒絶したり、いかがわしいとレッテルを張ってしまったりする人もいるくらいです。でも、この言葉に抵抗を示す人は、中国気功の亡霊にとりつかれている人だといえます。もっと厳しく言えば、気の本質が分かっていない人です。

その理由を、これから誰もが納得できるようにお話していきたいと思います。

中国気功は、長年の練功（気功のトレーニング）をやって、初めて気は出せるようになるという考え方が基本になっています。気を出すための努力が非常に貴ばれるのです。

これは、ある意味では選民意識かと思われます。長年の練功を続けられたエリートだけが獲得できる能力という思想です。

しかし、気はすべての存在物にある普遍妥当性のものです。選ばれた者という考え方は根本からして間違っているのです。

しかし、人間は、努力なしに獲得したものには、あまり価値を見出すことができないようです。中川氏も最初は、お弟子さんたちとアメリカを旅行して、遊び歩く中で気を習得させたそうです。しかし、遊びながら獲得したものは、自信がともないません。結局、せっかく出るようになった気も自信がないばかりに、時間がたつにつれて出なくなってしまったそうです。

つまり、「努力しなければいけない」という意識から変えなければ、気は長続きしないのです。そのために、下田の合宿（九日間、正味一週間）では毎日のように気は努力をしなくても出ることを教え込まれます。

そして、最後の日には気が出ていることを中川氏に確認してもらえるので、何とか自信を持って家に帰れるようです。

下田での九日間は、苦痛を伴うことはありませんが、ある意味では修行です。中国だと十年以上もかからないと会得できないものが、下田では九日間で十分にやってしまえるということなのです。

これは、修行の本質を見ることができれば、すぐに納得できるはずです。修行とは、何なのか。何をすれば修行になるのか。

何十年も気功をやっている人でも、意外と分かっていないものです。ただ、毎日義務のように、習慣的に練功をしていたりします。

健康のためだという人もいるでしょうが、健康だけを求める気功では、私は少々レベルが低いと思います。

修行とは、洗心のことをいいます。

「強く正しく、明るく我を折り、宜しからぬ欲を捨て、皆仲良く相和して、感謝の生活をなせ」

この実践が修行なのです。さらに、憎しみ、妬み、猜み、羨み、呪い、怒り、不平、不満、疑い、迷い、心配心、とがめの心、いらいらする心、せかせかする心を持たないこと。これが修行であり、洗心です。

ここさえきっちりと抑えておけば、だらだらと何年も、何が修行か分からずに練功を続けるよりも、はるかに効果的な修行が短期間で可能なのです。

下田でのプログラムは、毎日が講義です。それも、洗心の大切さを説くことが中心になっています。それと同時に、中川氏の気を一日何回も受けます。

この二つの柱によって、参加者の意識が日に日に変わっていくのです。

意識が変われば、見える脳と見えない脳を結ぶアンタカラーナが作られていきます。そして、見えない脳の一番内側にあるエーテル体と肉体がつながったときに気が出るようになります。

洗心さえ心がけていれば、練功などしなくても気は出せるのです。

ですから、重要なことは、毎日気の訓練をすることではなく、毎日の生活の中で洗心を心がけることなのです。

さらに、気が出るようになったからと安心していてはいけません。洗心を忘れた生活をするようになると、再びアンタカラーナが消滅して、気が出なくなってしまう人もたくさんいます。

逆に、気が出るようになっても、いつも謙虚に洗心を心がければ、アンタカラーナはさらに伸びて、アストラル体とつながりメンタル体とつながり、そしてコーザル体とつながり、という具合にどんどん神に近付いていくのです。

気を出すのに、修行期間の長い短いは関係ないのです。問題はその内容です。きちんと本質さえ踏まえていれば、わずか九日間で問題なく気は出せるのです。

そういう意味で、中川氏の言っていることは「とんでもない」ことではなく「非常に理にかなった」ことなのです。

第6章　気が一週間で出せた

誰でも気が出せる

前章の説明で、気が短期間で出せることがお分かりになったと思います。

一週間で気が出せるということは、気を出すという結果だけを重視するなら、健康のためだけの気功のレベルが低いのと同じようにあまり評価のできない気の在り方だと考えています。しかし、その過程を見ていったとき、そこに深い意味が見出されるのです。

気は、洗心することから会得することができます。心の持ち方が非常に重要なのです。最初は気が出せれば人にいばれるとかお金儲けができるとか、そういった邪心で習い始める人もいるでしょう。しかし、そういった邪心が気を出すための妨げになると知ったとき、その人はどういう選択をするでしょう。「なるほど気とはそういうものか」と、純粋な気持ちの重要性に気づくはずです。そして、実際に邪心を捨てて気が出せるようになったら、その人は身をもって洗心の大切さを感じるでしょう。

気は、もちろん病人を癒すという役割もありますが、それ以上に生き方を教えてくれるという点がもっと重視されるべきでしょう。

気を通じて人生が大きく変わったという人はもっともっとたくさん出てこなければいけないのです。中川氏の下田での合宿では、たくさんの人が人生の大きな区切りを見出しています。気が出せるという結果ばかりを追うのではなく、その過程の中でその人がどういう具合に変わっていくか、何に気づいていくか、そのことがもっと重要なことなのです。

そして、その変化、気づきは、決して選ばれた人だけが体験できるというものではありません。誰もが、その気さえあれば、簡単に得られるものなのです。

「私は、気を知って人生が変わりました。そして、自分も気を出すようになり、他人を癒せるようになって、自分の人生じゃないような変化を体験しました」

と、ジャーナリストの小原田泰久さんは、私に語ってくれました。この本を書くに当たって、取材をお手伝いしてくれた方です。彼は、工業大学の出身で、見えない世界など信じなかった科学頭のジャーナリストだったのですが、中国で中川氏に出会ってから、さまざまな試行錯誤の末、気の世界にどんどんとのめり込んでいったようです。

今では、中川氏の活動を詳細に追っています。気のことを語れるジャーナリストはたくさんいるでしょうが、実際に気を使って人を癒している人は数少ないと思います。

彼の話を中心に、この章では、一週間で気が出せること。人が気を通じて大きく変化していくことを見ていきたいと思います。

最初は信じられなかったハイゲンキ

小原田さんが中川氏と出会ったのは、中国の上海でした。一九八八年の九月だったそうです。小原田さんが上海へ行ったのは、それまでの仕事に行き詰まりを感じたためだと聞いています。彼にとっては、何か見えない糸に引かれるように意識の中で中国という国が急にクローズアップされてきたようです。

上海へ着くなり、さまざまな出会いが彼を待っていました。特に、Yさんという、日本人を両親に持つ四十歳くらいの親切な上海人との出会いが、気とのつながりを作りました。

「すごい人がいるよ。気で蠟燭の火を消してしまうんです」

Yさんは達者な日本語で小原田さんに言いました。気には大して興味を持っていなかった小原田さんでしたが、何となく「そんな人なら会ってみたい」という気になって、Yさんと一緒に気功師回りをしたそうです。結局、Yさんの言うすごい気功師には会えなかったようですが、何人もの気功師に会ううち、気を受けて体が揺れ出すような体験をし、気の世界を本格的に見てみようという気になりました。

それからが、劇的なドラマです。

「あれこれ気功師に会って話を聞いているうちに、気に興味が出てきました。人間にはすごい力があるんだと、そんな発見ができたような気になってきたんです。さすが中国はすごいっていう感じですね。

そんな中で、上海国際気功シンポジウムに参加することになり、そこで中川先生と出会ったんです」

中川氏は、そのときはまだ手から気を出すことはしていなかったといいます。一九八六年以来ハイゲンキの普及のために世界を歩いていたようです。

初めて中川氏と会ったとき、小原田さんは決していい印象を持ちませんでした。

「僕にとっては、気は長い修行の末に獲得できる特殊能力だと思っていました。仙人のような人しか持てないものだと考えていたのです。

そんなところに、機械から気が出ると中川先生は言うわけですから、もう不信感しかなかったですね。とんでもない人がいるって感じですよ。

だから、そのシンポジウムでは中川先生の講演も聞かなかったし、終った後で話を聞いてみようとも思いませんでした」

それが、ある出来事があって状況が急変するのです。

「シンポジウムが終ってからホテルへ戻ったんです。そしたら、知合いの日本人の左官屋さんがぎっくり腰になったといって苦しがっているんです。

それで、中川先生のあの機械ではどうだろうと、なぜか思って、彼に勧めたんです。幸い、中川先生がまだ上海にいまして、私はその左官屋さんを中川先生のところへ行かせたんです。

正直な話、あんな訳の分からない機械で治るものかという気持ちでした。ところが、驚ろいたことに、三十秒もかからず、痛みがなくなってしまったというんです」

それ以来、小原田さんは中川氏の気を追いかけることになりました。しかし、理解できないことが次から次へと起こり、とまどいばかりを感じたといいます。そのとまどいの一つが、誰でも気が出せるという中川氏の新しい説でした。

そのころ(一九八八年九月)、中川氏は自分の手から気を出して病気を治すという活動を始めていました。そして同時に、気功師を養成することもスタートしていたのです。

ヨーロッパを旅行したら気が出せた

小原田さんの話を続けましょう。

「僕は、早速ハイゲンキを買い求めて、いろいろな人に試してみました。そうすると、面白いように痛みがとれたり、肩こりが良くなったりするんです。

自分で試してみて、これは確かに本物だと確信しました。

それと、中川先生が気を出すということ。これも、何となくですが、ありえることだと納得できました。

しかし、問題は誰でも気が出せるということです。中川先生と一緒に行動しているだけで気が出せるようになるというのはどうしても信じられませんでした」

これは正直な気持ちでしょう。しかし、それも実体験という形で、納得せざるをえなくなります。

「それが、随行取材ということで中川先生のヨーロッパツアーに付いて行ったんです。二十日間ほどの旅行でしたが、そのときに奇跡的なことをたくさん見せられて、改めて気のすごさを感じたんですね。そしたら、何となく手がむずむずとしてきて、日本へ帰って来ていろいろな人にためしたところ、僕が気を送るとグラグラと動き出す人が出てきて、『あれできちゃった』っていう調子ですよ。

中川先生が言ったことは本当だなって感心しましたね。

その後、思い切って一週間（現在は九日間）の合宿に参加したんです。取材ということではなく自費で受講生として参加しました。

そしたら、もっと効果が上がるようになりました。下田から帰ると、病気の方が何人もうちへやって来るようになった。良くなっていくものだから口コミでまた広がっていく。

時間のあいているときだけ治療は引き受けているんですが、けっこうお客さんは来ますね。本職じゃないですから、治療費はいただいていませんが、この体験を何か本にでもできればいいなと考えています」

小原田さんは、下田の合宿では講師を務めていますが、その講義の中でもここまで紹介してきた、彼が気功師になったいきさつを話しています。特別、神がかっているわけではない普通の人の体験談ですから、受講生のみなさんも安心されるようです。

不思議な人と人の出会い

小原田さんの証言はとても面白いものです。いくつもの教訓を、その体験の中から見つけ出すことができます。

一つには、人と人の出会いの不可思議さです。人間は、ほんの一秒でも先のことを知ることはできません。一年後、二年後になれば想像もできなかったような自分になっていたりすることもあります。

しかし、後から考えると、あらゆることが糸でつながれているかのように、必然性を持ってきたりします。

先に、世の中の出来事は、私たちがよく口にする「偶然」ばかりだといいましたが、実はそれはまったく偶然ではないのです。

中川氏と小原田さんの出会いもそうです。最初はハイゲンキという機械に不信感を持ったわけですから、そのままなら中川氏と小原田さんはただの擦れ違いの関係で終ってもいいはずです。それが、見事な神の演出でぎっくり腰の患者さんが目の前に現れてきた。そして、そのぎ

▲スイスで高次元科学を講義する筆者。

っくり腰がほんの三十秒のハイゲンキによる治療で治ってしまった。これがなければ、小原田さんの気への関心は、また違った形で進んでいたでしょう。自分が気功師になってしまうということはなかったかもしれません。

こうした不思議な出会いは、あらゆるところにあります。道端に落ちていたチラシで気のことを知って、それで難病から救われたという人もいます。知合いが忘れていった本を見て私のことを知り、見えない世界を勉強するようになった人もいます。

とにかく、運勢が上向いているときほど、意味ある偶然は起こるようです。守護霊かあるいはもっと上の神様のレベルで、そういう偶然を作り上げているような気がします。

人間の力の及ばないところで操作されているのは間違いないでしょう。こういうことを考えても、見えない世界のエネルギーがいかに強力かお分かりになるでしょう。

信じれば気が出るようになる

また、小原田さんはヨーロッパで中川氏が施した奇跡的な治療を見たことが気を出すきっかけになっています。

気の基本は信頼です。治療においても、治療する側とされる側に信頼関係がなければ効果があまり出ません。治療される側が気のことを信じていないときも効果が出ません。気は、化学薬品のように誰が飲んでも効果が出るというようなわけにはいかないのです。

しかし、一旦信じてしまえば、驚くほどの効果が出るのです。

気を出す場合にも、同じことが言えます。まず気の存在、効果を信じていなければ、出すことはできません。信じるには何が一番いいかというと、自分で体験することです。病気になった人が気で治るという体験をしますと、今度は逆に気で治すという立場になったりします。これは、自分の体験を通して気の存在を心から信じたから治療ができるようになったからでしょう。

信じるといっても、うわべだけ言葉だけで信じていても気は出ません。心から信じていないとだめなのです。

小原田さんは、ハイゲンキを使ってみて、気の存在、効果をそれなりに理解はしていたのでしょうが、心からの信頼はヨーロッパへ行く前はなかったはずです。それが、「中川先生が気を出すのなら何となく分かる」という言葉に現れています。そんな認識でも、目の前でさまざまな奇跡的な治癒を見せられることによって、心から信じるようになったのです。

そして、それをきっかけにして大きく人生が変わってしまったです。素晴らしい出会いであったと、私は彼を祝福せずにはいられません。

魂のゴミを取る

小原田さんの話では、下田の合宿に参加して、気のさらに効果が上がったといいますが、これも非常に興味深い証言です。

下田で勉強する目的を「魂のゴミをとること」だと中川氏は言っています。

このことは、私が言うアンタカラーナと深い関係があります。洗心を行なうことによって、見えない脳と肉体がアンタカラーナによって結び付き、さまざまな特殊能力が芽生えます。気が出るというのもその一つです。

中川氏が言う、魂のゴミを取るのも、洗心をするということで、アンタカラーナを作り出すことに他なりません。

そして、二度三度と下田に来る人もいるそうですが、アンタカラーナの成長を考えれば、それも重要なことです。と言いますのも、日常の生活をする中で、いくら洗心を心がけても、知らず知らずのうちに魂にゴミがつくことはあるからです。ある程度のゴミがつくのはいたしかたないとして、問題なのは、そのゴミをどんどんと積もらせることです。そうしないためにも、定期的に掃除をすることが必要となってきます。ですから、小原田さんのように、実際に気功治療ができるようになっても、いや逆に、治療できるからこそ慢心したり、威張ってみたりするようになることはよくあるので、年に一度くらいの大掃除が必要になってくるのです。その掃除をやってくれるのが下田というわけです。

魂のゴミを取る際に、気は非常に重要かつ効率的な役割を果たします。私は、魂のゴミをとる方法は、洗心と瞑想だと、昔から言ってきたのですが、中川氏によると下田の合宿に参加して気を受ければ、難しいことは考えなくても、両方とも実行したことになるというのです。

その辺のことを中川氏は次のように言っています。

「昔の偉いお坊さんは座禅を組んで瞑想をしたんですね。そして、空無になって悟りを開いた。しかし、それではあまりにも時間がかかるし、誰でもできるというわけにはいかない。だけど、気を受けると簡単に空無の境地を得ることができる。気を受けていると、まるで瞑想をしているかのようなα波が脳から出ることも分かっています。だから、気を受けていれば、自然に長年瞑想をやった高僧の境地になれるんです」

中国では何十年も修行をしなければ出せないとされてきた気をわずか九日間で出せるように

してしまった中川氏ならではの言葉でしょう。

瞑想は、自分を空無にして宇宙とつながろうという一つの方法です。瞑想をする人の周囲にはたくさんの気が集まってきます。そして、その気がある一定以上になったらアンタカラーナが成長し始めると考えられています。

つまりいちいち瞑想などしなくても、気功師から気をもらえば瞑想をしただけの効果があるのです。これは、私にとっても大きな発見でした。さらに言えることは、瞑想というのは、一つ間違えば悪い気まで集めてきてしまいます。それなら、中川氏から間違いのない確かな気をもらった方がいいかもしれません。前述のギマネ波も悪用すれば、強力ですから地球全体を破壊する危険もあるのです。

それともう一つ、下田の合宿は、ある意味では集団瞑想だと言ってもいいでしょう。中川氏という指導者がいて、彼を中心にたくさんの人が瞑想していると考えればいいのです。TM瞑想も、霊的なレベルの高い指導者がいて、その指導者のもと、たくさんの人が集団で瞑想します。しばらく続けていると、瞑想している人の脳波が、指導者の持つ脳波と同調します。

まったく中川氏の言うことと同じことが起こってくるのです。

つまり、瞑想というのは（もちろんこれは正しい指導者のもとでやるものです）知らず知らずのうちに気を取り入れていることであり、気と念波を受けるというのは瞑想も同時にやっていることなのです。

中川氏は、何も勉強することなく、気のこと、瞑想のことを、直感的に知っていたようです。既に述べましたが、ハイゲンキの構造とか気が螺旋状に飛ぶとか、録音テープに気が入るとか、原子力発電は気の波動が悪いとか、こういったことも、不思議と私が言い出したころには、何ら連絡を取り合ったわけでもないのに、中川氏も分かっていたようです。そして、やがてうまい具合に出会いがあり、こうやって私は中川氏を題材に本を書かせていただいているわけです。

確実に、遠い次元でのご縁があるのでしょう。

お金のエネルギー

小原田さんが、自費で参加したことも、とても大きな意味を持っています。

お金には、とてつもないエネルギーがあります。大金を持ったばかりに人生が狂ったり、お金がないばかりに自ら命を断ったり、他人を傷つけたりすることが決して珍しくないことでも、そのことはよくお分かりになると思います。

中川氏も言っていますが、招待などで参加した人は、合宿後の気功師としての活動もなかなかうまくいかず、中には自分が病気になってしまう人もいるそうです。

エネルギーというのは、循環しています。循環させなければいけないのです。お金もエネルギーですから、貯め込んだりしては逃げ場のなくなったエネルギーがどこかで暴発してしまいます。

循環させるにはどうしたらいいか。それは使うことです。それも、お金が喜ぶように使わなければいけません。

気の合宿でもそうです。気というエネルギーを得るためには、自分の中にあるエネルギーを放出しなければいけません。その放出するエネルギーがお金なのです。もちろん、法外な金額を支払う必要はありません。自分が適切だと思う金額をエネルギー獲得のために出すのです。

お金をうまく使える人は、気もうまく使えます。せっかく気功師になったのに、まったく活用しない人がいるそうです。そういう人は、すぐに気が出なくなってしまいます。気は、使うためにあるわけですから、どんどん使いましょう。そうすれば、どんどんと流れ込んでくる。

小原田さんはこんなことも話してくれました。

「特別たくさんのお金は入ってきませんが、必要なときに必要なだけ、確実に入ってくるようになりました。

だから、貯金しようとか、切り詰めようとか、そんなことは考える必要がなくなりました」

これも、真実です。うまくお金を使っているから、うまい具合に入ってくるのでしょう。気も、同じように人のために使っていれば、自分もどんどんと幸せになっていくのです。

中国気功で言われているように、自分の健康のために毎日練功するよりも、早く気が出せるようになって、その気を人のために使っていくような生活をすれば、気なんか貯めようと思わなくても、勝手に入ってくるものなのです。

ですから、お金の話に戻りますが、気の治療を他人に施す場合、無料でやるより、多少なりとも代金をもらってあげた方が、患者さんの気の流れは良くなるはずです。

もっとも、無料で治療してあげようという気持ちを持てることは貴重なことですし、お金にとらわれるようになったら、アンタカラーナは消えてしまいますから、ほどほどにという程度にすればいいのではないでしょうか。

神のエネルギー

こうやって見てくると、真氣光というのは、本当に面白い種類の気だということがお分かりになるでしょう。

一つには、誰でもできること。次に、何の修行もいらないこと。さらに、よく気功師が言いますが、この人を治してやろうと念じることも、真氣光では必要ないのです。

自然に任せることが大切だと中川氏は言います。

「力むとだめです。あくまでも神様にお任せする気持ちになることです。

力むということは、我を出すことです。

私は、いつも思っているんですが、たくさんの人が気で難病から救われていきますけれども、それは私がやっているのではなくて、神様が私を使ってやらせているんですね。弟子にもいつもそう言っています。自分でやっていると思うなとね。

そうでしょ。自分がやっていると思ってしまうから、小さな自分の力だけしか出ない。所詮人間の力なんですね。

でも、神様がやってくれていると思えば、神の力が出るんです。人間の力と神様の力とどっちが上か、そんなことは言わなくても分かりますよね。

それに自分の力でやっているという意識は、自分が病気になったりする原因になります。自分がやっているんだから、霊障なんかも自分が引き受けなければいけない。しかし、神様がやってくれていると思えば、神様がやっかいな霊障を引き受けてくれるんです。

すべてを神様にお任せすることが一番大事なんです」

これを科学的に説明しますと、ギマネ波よりさらに高い波動のフィエゴク波に援助を受けることです。

現代の科学は10の30乗ヘルツの宇宙線以上は未知なのに、これは10の42乗ヘルツという途方もなく高い念波です。これを出せるのは中川気功以外にありません。

真氣光という名前も、真氣=神様のエネルギー。そして、そのエネルギーは光であるということから名付けたそうです。

まったく新しい概念の気であることが中川氏の説明からはよく分かります。

繰り返しになりますが、真氣光は神のエネルギーを中継するところに本質があります。そして、そのためには魂のゴミを取る、私流に言えば洗心することを重視します。

洗心というのは、我を捨てることです。神に身を任せることです。神に身を任せれば、いつも正しく明るく生きられます。憎しみや妬みも持たないでしょう。

そういった心の持ち方で、神様とのパイプがつながり気が出せるようになるのです。

気が一週間で出せるというのは、何も「とんでもない」ことではないのです。理にかなったやり方をすれば、一週間というのは十分な時間です。

理にかなったやり方というのは、ひと言「洗心」しかありません。

中川氏はよく「この技法やハイゲンキの構造は夢で白髪の老人から教えられたのだが、なぜ病気が治るのか、自分でも分らない」ともらしておられます。

まことに正直で立派だと思うのですが、案外、生半可な科学者は軽蔑の言葉を吐きます。しかし、いつかは真相が判明します。筆者は故在藤泰秀（ありふじやすひで）さんの霊波センサーや足立育朗氏のプレアデス情報、それに筆者の考察をおりまぜて中川氏の古い古い由来を探ってみました。

それによると、中川氏の魂（原子核集合体で、その構造は91ページの図を参照）は火星で誕生しています。その魂は輪廻転生の途中で麒麟《きりん》座（83番星座）の第133番目の星で暮らしたことがあるそうです。そこでの文化は、地球とくらべて神様の世界といってよいくらい進んでいて、経穴の気を担当する神様がヘルクルス座（84番星座）の第134番目の星神と一緒に一九八八年十一月二十九日に中川氏の手に入神され、左手の薬指から掌にかけて強力なパワーが出るようになったということです。

中川氏自身はこのことを知らずに一九八八年十二月頃より手の平から出る気で治療をするようになりました。

そして、その追加エネルギーには中国気功にはないギマネ波やフィエゴク波があったのです。しかも、それ以前に発明して利用していたハイゲンキにも同様のエネルギーを含んだ気が出ていたのです。

従って中川氏の気功では、他の方法では治らなかった病気が徐々にではなく瞬間に治ることになったのです。

ちなみに、麒麟座に属する星の数は228個あるのですが、中川氏が前生でその133番目の星に住んだことがあったということで深い因縁ができたのではないでしょうか。

なお、450億年を経ていて蠍《さそり》座に次いで古い麒麟座のことですから、言語に絶する高い文化をもった星に違いはありません。地球からみれば神様のような存在なのも無理がありません。

第7章　二十一世紀はユートピア

人類の本当のあり方

ここまで読んでどういう感想を持たれたでしょう。そんな馬鹿なと思われる方は、まず途中でこの本を投げ出してしまっているでしょうから、今ここまで読んで下さった方には、何らかの共感を持っていただけたのだと思います。

私がこの本を通じて、みなさんにまず分かっていただきたいのが、時代が今、大きく変化しようとしていることです。

それは、二十世紀から二十一世紀へという、一〇〇年ごとの数字の変化だけをとらえて言っているのではありません。世紀末という、何かありそうな言葉だけの雰囲気で、私は変化を語っているのではないのです。

二十世紀は、私たち人類による地球破壊の時代でした。私たちは、科学という武器を手に入れ、欲望のおもむくままに、私たちに都合のいい社会を作ってきました。

移動するのに便利な自動車が発明されると、今度は快適に走るために道路を作りました。行く手に山があれば、トンネルを掘り、川があれば橋を作ってきました。そのために、木が切り倒され、大地が掘り起こされようと、それは人間が便利な生活を送るためという大義名分の前にはまったく問題視されることもありませんでした。

人間社会のためにさまざまな化学製品が作り出されました。あちこちに工場が作られ、ばい煙や工場排水を自然の中に撒き散らしました。

それが原因で病気になった人がたくさん出てきました。しかし、それも人間の豊さと便利さを得るという欲望の前にはあぶくのような出来事でしかありませんでした。

人々は、お金があれば、楽しく快適な生活ができることを知りました。すべてがお金で解決するという錯覚を、当然のことのように受け止めました。お金を稼ぐことが善で、貧乏は悪とみなされました。

自然を支配しようとすることは、お金を生むことでもあります。山を削ってゴルフ場を作れば、そこを使うために何百万、何千万というお金を払う人が現れます。海を埋め立てて、遊園地を作れば、たくさんの人が集まってきます。

結局、すべての行動を決める基準になるのが、お金になるかどうかということになってしまったのです。

それが、いいことだったか悪いことだったかは、ここでいちいち議論することはないでしょう。現実が答えを出してくれているからです。

今になって、あまりにも自分本意に生きてきた、そのつけが私たちの身に降り掛かってきています。

自分の体で、苦しみで返さなければならないつけです。私は、第一章で、これからガンとエイズによって、人間の数が激減すると言いました。大きな大きなつけをそうやって返していかなければいけないのです。

病気になった人は、「自分は何も悪いことをしていないのに、こんな目にあわなければいけないのか」と、恨めしそうに言います。しかし、本当に悪いことをしていないのかと言えば決してそうじゃないわけで、自分たちの母体である地球に対してどんな仕打をしているのかを考えると、決して「何もしていない」と、胸を張れるものではないと思うのです。

例えば、食器を洗うときに、合成洗剤をたっぷりとつけるような習慣があるとしたら、それは悪いことにはならないかと言えば、もちろん法律的には何も罰せられませんが、地球に対してどうなのかと考えれば、決していいことではないのです。

「そんなこと知らない」

と言ってしまえばそれまでかもしれませんが、それでも地球は汚染され、それが回り回って自分に返ってくるのですから、文句も言えないでしょう。

自然というのは、うまくできています。完璧な法則に乗っ取って動いているのです。人間として例外ではありません。

原因があれば必ず結果があるというのも法則の一つです。つまり、人間社会に起こってきていることは、すべて人間が原因を作っていることなのです。

そんなことも分からず、「自分は何も悪くないと」と威張っているのですから、お目出たいとしか言いようがありません。

どうして、人間がそんなにお目出たいのか。その原因は、目に見えない世界を無視し、目に見える部分ばかりを追いかけてきたからです。

見えない脳のお話をしました。四層構造になっている肉体の外にある脳です。この脳こそ、人間の本当の能力を秘めている場所なのです。しかし、人間が自分の利益ばかりを追いかけているうちは、この脳と肉体がつながらないのです。

私たちは、今、目に見えない脳の存在を一日も早く知らなければいけないところまできているのです。

見えない力は、その存在をさまざまな形で示してくれています。超能力が巷にあふれ出し、気の世界も素晴らしい夢を与えてくれている。

ここに注目することが今、求められているのです。

激動の時代を迎えています。そのことを知ったなら、そんな時代の中で生きるものとして、この世の中は目に見えるものだけでできていないことを知ることが必要になってきます。目に見えるもの以上に、目に見えない力に動かされていることに気づいて下さい。

そうすれば、自分が人間としてこの世に生まれてきて何をすべきなのか分かってくるはずです。

人間は、お金を追い求め、ぜいたくに生きることを目的として生きているわけではないのです。

物質至上主義から脱皮するとき

人間が物質的な繁栄ばかりを追いかけてきたことが、今の時代の歪みを作ってきました。

教育などは、その歪みを顕著に象徴している存在です。

例えば、受験戦争。子供たちは、受験という競争に打ち勝ち、いい学校へ入り、いい会社へ就職する。そして、会社の中では少しでも出世し、人から羨まれるような生活をする。そんな教育が、当たり前のようにまかり通っているのです。

そこには、人間性の形成など入り込む隙間もない。ただ、成績さえ良ければいいという論理が大手を振ってのさばっている。

私たちは、競争は必要なものだと教えられてきました。そして、努力によって競争に勝つことが進歩だと信じてきたのです。

こんな話を御存知でしょうか。

オリンピックの行なわれた年は、自然災害が多いという事実があるのです。スポーツが美学としてもてはやされる頂点の存在、オリンピックが、災害をもたらしている。そんなこと信じられないかもしれませんが、競争というのはそこまで私たちの生活に大きな影響を与えるのです。

スポーツをすることは、何も悪いことではありません。これが、競技になると話は別です。競うという心は、神様から見れば御法度の心です。なぜなら、勝った方はおごりや高ぶり、負けた方は悔やみ、妬み、羨み、こういった悪想念が充満するからです。

これらの悪想念は、地球の波動を狂わせます。そして、その結果として自然災害が発生するのです。

競争が生まれるのも、物質至上主義がその根底にあります。つまり、物質は無限ではない。有限のものです。有限のものを獲得するにはどうしても競争が必要になってくるのです。弱肉強食の法則です。

受験なら、定員というのがあります。オリンピックなら、ただ一個の金メダルです。高校野球なら、ただ一校だけに与えられる優勝校という名誉でしょう。

戦争にしても、その原因は領土であったり、資源であったりすることがほとんどです。思想的なこと宗教的なことがあったとしても、所詮相手を叩きのめして勝利者であろうとする、本来の宗教の在り方とはかけ離れたところで争われているのです。いずれにせよ、有限の範囲で自分を主張しているに過ぎないのです。

もし、現代とは正反対の、好きな学校に入れ、参加すれば全員が金メダルをもらえるオリンピックがある社会になったら、競争はまったく意味を持たないものになってしまいます。すべてが無限に存在し、欲しい物は誰と争うこともなく何でも手に入る社会だったら戦争など誰も起こさないでしょう。

そうすると、そこに生まれてくるのは、協調です。共同して何かをするという発想です。みんなが幸せになるという共存共栄の喜びです。

精神世界は無限の社会です。すべての物がそろっている。争わなくても何でも得られてしまうのです。そんな社会をどうして人間は望まないのでしょうか。「みんなが幸せになる」という喜びをどうして知ろうとしないのでしょうか。

自分だけの幸せを追い求める物質社会から、そろそろ私たちは脱皮する時期を迎えているようです。物質社会を支配してきた価値観が大きく崩れようとしています。

バブルがはじけて、成長の一途をたどってきた日本経済も、がたがたになってきました。回復の兆はまったく見えませんし、まず回復することはないと見た方がいいでしょう。

そんな時代に、どう対応していけばいいのか、たくさんの人が戸惑うでしょう。失業して町をさまよわなければならない人も出てくるでしょう。明日の御飯を心配しなければならないことも出てきます。

ますます、限りあるものを取り合う世界が一時的に広がってきます。これは、人間がどう生きていかなければいけないのかという神様の尋問だと考えてもいいでしょう。

大きな修羅場が来ます。そのときに、本当の生きざまが試されるのです。

魂を磨けば救われる

物質至上主義が終焉を迎えようとしています。物質から精神への移行です。しかし、すんなりとは変化しません。国家の体制が変わるときに多かれ少なかれ混乱が起きるのと同じことです。

一九九三年現在の経済の混乱、自然災害の多発もその一つでしょう。そして、もう少し時がたてば、ガン、エイズの患者が一気に増えて、人類は激減するでしょう。

「どうして我々がそんな目にあわなければならないんだ」

と、神様を恨む人も多いでしょうが、決して神様は人間に苦痛を与えようなどとは思ってないはずです。

間もなく訪れようとしている大きな峠は、人間が自分たちの行為から生み出したものです。原因があれば結果があるというのが宇宙の法則です。その原因を作り出したのは、ほかならぬ人間なのです。

そこは素直に反省しながら、もう避けることのできない大峠を、どうすれば少ない被害で通り抜けられるのか考えていきましょう。うまく抜けられるかどうかの別れ道もやはり心の持ち方に大きくかかわってくるのです。

そのポイントは、言うまでもなく洗心です。「強く正しく明るく、我を折り、宜しからぬ欲を捨て、皆仲良く相和して、感謝の生活をなせ」「憎しみ、嫉み、猜み、羨み、呪い、怒り、不平、不満、疑い、迷い、心配心、とがめの心、いらいらする心、せかせかする心を持たない」

これさえ実行していれば、魂が磨かれ、霊性が上がり、危険な場に遭遇したり、物質的にも精神的にも不自由な立場に置かれたりすることがなくなります。

これからの時代、食料も不足してくるでしょう。みんながひもじい思いをすることになるのです。だからと言って、米を買い占めてみても何の解決にもなりません。

食べ物を何とか手に入れようという努力は完全に空回りすることになるでしょう。無駄な努力になってしまうのです。もがけばもがくほど泥沼にはまり込んでいきます。

こういうときこそ、洗心するといいのです。洗心ができている人のもとには、なぜか困らないだけの食物がどこからか与えられるのです。食べ物を得ようなどという努力とは無縁の生活ができるようになります。

時代が厳しくなればなるほど、顕著に現れる現象です。洗心の度合によって、時代の波の受け方が違ってくるのです。

くどいようですが、今、私たちが問われているのは、どれだけ魂が磨かれているかです。そして、地球が不良人類の惑星から優良人類の惑星に完全に格上げされたとき、そこではある一定以上の魂のレベルを持っていないと、当然住めなくなる、つまり消えざるをえなくなるのです。

今からでも遅くないと思います。TM瞑想や真氣光を本書では紹介してきましたが、まだまだ洗心の手段はたくさんあるでしょう。洗心は生き方そのものですから、本来は自分の力で実践すべきものです。しかし、なかなか一人では難しい部分があるため、私たちは霊性の高い指導者のもとで合理的にプログラムされたTM瞑想、真氣光を活用するのです。自分に合った方法で、一日も早く本当の生き方を学んでいただきたいと、心から願わずにはいられません。

生きていることは修行である

ある講演会で聞いたことですが、その講師に小さな女の子がこんな質問をしたそうです。

「人間は、どうせ死んでしまうのに、なぜ生きているんですか」

まことに鋭い質問かと思います。

私たちは所詮子供の言うことだと軽視しがちですが、子供の方が大人よりも世の中を鋭く見ていることはよくあることです。

それは、子供は私たち大人よりも進化した存在だからです。地球人は、今、不良人類から優良人類に昇格しつつあります。優良人類の社会というのは、超能力者の社会です。子供たちは、まったく新しい優良人類の社会で生きる文字通り新人類なのです。

手で文字や図形を読んでしまう子供がテレビで紹介されていましたが、優良人類にはそんなことは簡単にできてしまうことなのです。

優良人類である子供たちは、不良人類である大人にさまざまなことを教えてくれているのです。その言葉に耳を貸さないというのは、せっかくのレベル向上のチャンスを放棄するようなものです。

「なんで生きているんだろう」

素朴ながら、非常に意味深い質問です。真剣に考えたことがなかったというような人も多いでしょう。

子供の純粋な問いかけは、優良人類から不良人類への好意的なアドバイスでもあるのです。

「人間は、どうせ死んでしまうのに、なぜ生きているんですか」

子供は、自分からの質問という形をとることによって、プライドだけは高い不良人類を傷つけることなく、やんわりと課題を与えてくれているのです。

それなら、私たち不良人類としても、答えを出さなければいけないでしょう。

人間はなぜ生きているのか。

生きるということが、すなわち修行だからです。

修行というと、山にこもったり、滝に打たれたりする、荒行を連想するかもしれません。しかし、生きることそのものが修行だと知っていたら、そんな荒行など何もする必要はないのです。

マハリシが言っています。

「努力などしなくていい。無邪気になればいい」

中川氏も同じことを言っています。

しかし、そこまでの境地にはなかなかなれない。だから修行なのです。

人間は、肉体があるばかりに、余計な欲ばかり持とうとするのです。物質的豊さに惑わされるのも、自分が肉体ある存在だからこそです。

肉体がなければ、大きな家も必要ありません。テレポーテーション（瞬間移動）ができれば、自動車などいらないのです。

つまり、人間は肉体を持っているばかりに非常に不自由な境遇に置かれているわけです。この不自由な状態で、いかに肉体がない状態を感じられるかということになります。それが修行です。般若心経にもそういうことが書かれているはずです。

肉体を持ちながら、肉体的な欲望に溺れないようにすることが、私たちが生きている目的なのです。

そして、この毎日の生活の中の修行によってのみ、私たちは不良人類から優良人類に昇格できるのです。悟りを開くという言い方をする人がいれば、神の啓示が降りたという人もいれば、私のようにアンタカラーナが見えない脳とつながったと言ったり、中川氏のように魂のゴミがとれたと表現する人もいますが、すべて人間が生きている目的を果たしたときに実感できるものなのです。

それなら、日常生活を修行とするためにはどうすればいいのか。ひと言で答えられます。洗心することです。

また、人間には、それぞれ役割があります。特に、マハリシとか中川氏のようなアンタカラーナがコーザル体とつながっているような人は、人間を一人でも多く新しい時代へ連れて行くことを役割として与えられています。そして、彼らがその役割を果たすことが、人間の想念の浄化を通して地球をも浄化することになるのです。

中川氏が面白いことを言っていました。

「天は二物を与えません。私は、病気を治すことに関しては誰にも負けませんが、透視能力とか念力は使えません。

そういうふうに、何か一つ、人々に見えない世界を教えるための手段を、天は与えてくれているんですね。

それが、何でもできちゃうという超能力者がいるでしょ。あれは、何か魔の力じゃないですか。神様は、そんなにいくつもの力を一人の人間に与えないですよ」

私もそう思います。

一九九三年十月のある日、下田の道場でプレアデス情報の足立育朗氏と並んで治療風景をみる機会がありました。

その際、治療に使われている波動の周波数を測定したところ、それぞれヘルツの単位で10^4、

10^{10}、10^{12}、10^{13}、10^{15}、10^{17}と出ました。ここで10^{15}ヘルツといえば、光の周波数なのですが、治療に使われているのは電磁波ではなく念波ですから、普通の人にはわかりません。

これをみても、世間一般で行われている気功との差が歴然としているのです。

私ごとで恐縮ですが、私は科学者ですが、実験はしないんです。というのも、私が実験をしなくても、他の科学者の方々が独自の素晴らしい実験をされて、その結果を有り難いことに私のところへ報告してくれるからです。それに、私の周りにはたくさんの霊能者もいます。宇宙人とコンタクトしている人もいます。そういった人々が有力な情報をたくさん持ってきてくれます。私は、それらの情報を総合的にとらえて、宇宙の法則を見つけ出せばいいのです。

それらを総合して考えることが私の役割だと思っています。

人間には、多かれ少なかれ、生まれてきた役割というものがあります。その役割を果たすことも、自分自身の修行なのです。

まず、何はともあれ洗心を心がけることです。そうすれば、自分の役割が少しずつ見えてきます。役割が見えてきたら、全力でそれを果たしましょう。修行は、もっともっと進むはずです。

自分の役割を果たすという修行に苦痛は伴いません。楽しくて仕方ないはずです。中川氏なら、病気を治すことを通じて見えない世界を一人でも多くの人に知らせることが役割ですが、どんなに忙しかろうと、どんな難病患者がやって来ようと、彼は何一つ苦痛を感じることはないといいます。

私も、九十歳に手が届こうとしていますが高齢と思っていないので、講演の依頼があれば世界中どこへでも飛んでいきます。執筆の依頼があれば、できる限り引き受けています。それがまったく苦痛ではありません。それは、自分がこの世に生まれてきてなすべき役割だからです。

無理をする必要はありません。常に洗心を心がけていれば、必ず、自分の本当の役割が探さなくてもむこうの方からやってくるのです。

二十一世紀はユートピア

二十一世紀の地球は、優良人類の惑星となります。超能力が当たり前で、犯罪も病気もなくなります。お金を儲けるためにあくせくと働くこともなくなります。まったく夢のような世界が実現するのです。

新しい時代を、超能力者と呼ばれる人たちが、いろいろな形で発表しています。宇宙人が教えてくれたという例もあります。

私は、拙著『念波』に「未来社会の姿」という項目を設け、新しい時代について書きましたが、本書でも最後になりましたが、未来社会の姿について触れておこうと思います。未来社会といいましても、本当にもうすぐ到来する時代です。そのことを念頭に入れて読んで下さい。

日本では、NKさんという超能力者の自動書記を通して神様から伝えられた情報が、『宇宙の理』という月刊誌に発表されました。広く知られるという性格のものではありませんが、サイ科学に興味がある方はよく御存知のことだと思います。

カナダでは、一九八八年七月三日、日曜日の午前中に、ナイヤガラ爆布上空に長さ一六〇〇メートルの虹号という宇宙船が現れ、関係者数千人の前で、ケンチンという宇宙人が地球の過去、現在、未来の姿を教えてくれました。超能力が将来全人類に与えられることもそのときに教えてくれました。そして、重要なことは新しい地球にふさわしい心がけだと、洗心の重要性も説いていったのです。

まず、NKさんの自動書記の方から新しい時代を見ていきましょう。

二十一世紀は大多数の人が洗心をした社会ですから犯罪がなくなります。そうなれば、警察は必要なくなり、解体されるか極度に縮小されることになるでしょう。裁判所も不要になります。人間同士、国家間の対立もなくなりますから、家と家の間の垣根や国境も必要なくなります。ボーダレスという社会が実現するのです。

病気もなくなります。人間の心が本当に正しくなれば、邪神、邪霊も存在できなくなり、病気の原因が消滅してしまうのです。

私たちは、「健全なる精神は健全なる肉体に宿る」と教えられてきましたが、実はこの言葉は原因と結果を逆にしたもので、ここまで読んで下さった方はもうお分かりでしょうが、「正しい心になれば、体も健康になる」とするのが本当だと思います。

病気のことにもう少し触れていきますが、現代の世の中にたくさんの病気があふれていて、それがなかなか治せないでいるというのは、西洋医学だけを医学だと考えている大きな錯覚に原因があります。最近になって、東洋医学を見直す傾向も出てきていますが、まだまだ肉体を修理する医学から抜け出せていません。病気治しの中で本当に重要なのは心であるということが、なかなか理解されないのです。

洗心して心が正しくなり、アンタカラーナの流通がよくなれば、人間の体の中に宇宙のエネルギーが集中し、オーラが強烈になってきます。そのオーラが邪神、邪霊を近付けないバリケードの働きをするのです。個人個人のオーラが強くなれば、地球全体のオーラも強力になります。そして、地球上から邪神、邪霊を追い出してしまうのです。

ですから、地球上から病気はなくなってしまいます。

たくさんの病院が赤字を抱えているというニュースをよく耳にするようになりました。これからは、病人は増えるが病院は減っていくという奇妙な現象が起こってくるでしょう。今のままの病院では病気を治せないことが急速に分かってくるからです。

そして、その変化の中で、二十一世紀に残る人間と残らない人間が、自ずと振分けられていくのです。病気にならなければ、本当のことが分からない人は、今世紀中に姿を消すことになります。二十一世紀は、健康な人ばかりの社会になるのです。

社会生活も大きく変わります。

電信、電話のような通信機関や列車、船舶、航空機のような交通機関がどうなるかは、正確には分からないけれども、二十一世紀では念波通信や念波放送が盛んに利用されることは間違いないでしょう。近距離の移動にはテレポートが活用されるので、現在のような通信や交通の手段はだんだん少なくなっていくはずです。

UFOによる移動も可能になってきます。何万光年も何億光年も離れた星までUFOで旅行できるようになるでしょう。毎年一回、宇宙の友人を訪ねて観光旅行をUFO母船でやるのも楽しいことでしょう。このときの動力には宇宙のいたるところに無尽蔵にあるエネルギーが使われます。操縦は、想念の力に頼るようです。つまり、行きたい所へ瞬時に行けるというわけです。

一台で十万人も乗れる大型の宇宙船が一個の星に数千台備えられています。その宇宙船で遠く離れた星を訪れることができます。年に一度は宇宙旅行といったことも十分考えられます。また、自分たちが外へ出て行くだけでなく、他の星からの来訪者を歓迎することもできるのです。

未来社会の人々は競争の心を持つ人がいません。ですから、世界は恒久的に平和が続きます。世界中が完全な一個の生命体のように作用し、すべてが愛と調和に満たされます。

個々の人間に生命を超えた意識が活動するようになります。コーザル体、メンタル体、アストラル体、エーテル体が健全で有機的に活動するため、宇宙船に乗らなくても他の星の人々と交流できるようになります。他の星の人々との交流は、地球にとって大きな刺激になります。そして、その刺激を受けて社会が急速に進歩して行くでしょう。

生命を超えた意識、生命超意識が芽生えると、他人と対立することがなくなります。ということは、自分だけが利益を得ようという考えは生まれてこないのです。他人の幸福を喜び、他人に奉仕する精神が芽生えます。つまり、営利事業がなくなってしまうということです。会社も労働組合もなくなってしまいます。人々は無欲でお互いに心から信頼し合いながら生きています。そのため、貨幣制度もなくなります。銀行も必要なくなるでしょう。

こういった時代になれば、宇宙創造の大神様の存在意義と方針が理解できるようになります。信仰も変わってきます。大神様は唯一の存在ですから、他に変な神様を作って信仰する必要もなくなってきます。つまり、宗教的な対立も混乱も存在しないということです。

新興宗教もなくなりますし、神社や仏閣も存在しません。

食事に関しては、大多数の人が野菜中心の食事をすることになります。本来の人間の食べ物に戻るわけです。肉食は、動物の怨念を食べているようなものです。肉体がどんどん汚れていきます。野菜は、人間という高等な動物に食べられることを高次元への奉仕というとらえ方をしますので、人間の側から言えば、喜びを食べているということになるのです。

そのため、農業が重視され、現代のように嫌がられる仕事ではなくなります。楽しく農業をやる時代になるのです。作物の収穫期になると、すべての人々が農場に集まってきて、農作の賛歌を歌いながら作業を進めるのです。

土地も、単なる物質と考えないで、天から与えられた聖なる大地として活用されます。ここから得られた生産物は加工場に送られ、さらに消費地まで無駄なく運搬されます。不要なものは一切生産しないし、流通経路もややこしい中間業者が入らないので、住民にかかる負担は最小限ですむのです。

自然界を見ると、未来社会の環境では、大気の性質が変わり、猛獣や毒蛇は生存できなくなります。樹々に遊ぶ小鳥たちが生命の喜びを力いっぱい表現し、動物たちの平和な社会が実現します。潤いと愛のある地上が出現するのです。

地震や火山の噴火もなくなるでしょう。自然災害というのは、人間の悪想念がもたらすものです。ほとんどの人が洗心でき、輝くような想念で地球が覆われれば、自然災害は起こる必要もなくなります。

雨でさえも、人々が寝静まった夜に植物を湿らせ、朝になると晴天という日が続きます。四季の変化はありますが、酷寒も酷暑もなく、毎日が快適に過ごせるのです。

何の規則も必要なく、人々は自ら進んで秩序を守ります。生命の本質を理解しているため、毎日毎日が楽しくてたまりません。寿命も伸び、一〇〇〇歳を超える人も珍しくなくなるでしょう。配偶者も、各自が超能力を持っているため、最適な相手を最適な時期に見つけることができます。

教育も大きく変わるでしょう。現代のような詰め込み式の教育は一切なくなります。記憶するとか本を読むということが必要なくなるのです。というのも、宇宙で起こったことはすべて記憶されているアカシック・レコードと、コーザル体を通して直接につながってしまうので、わざわざ自分の脳に記憶させておく必要がないのです。

私の間接の知人にも、何にも勉強しないのに、自由に外国語を操れる女性がいます。彼女は、いつもは日本語しか話せません。しかし、一旦、フランスへ降り立つと、ペラペラとフランス語が口から出てくるのです。イギリスへ行けば英語、スペインへ行けばスペイン語といった具合です。彼女も、見えない脳を通して、言葉の情報を仕入れているのだと思われます。二十一世紀になれば、テレパシーが発達するので言葉もあまり必要なくなるでしょうが、必要なら単語を一生懸命覚えなくても、スラスラと口から出てくるようになるのです。

そういった時代の楽しみは何かということになりますが、歌や踊りが好まれるようになります。歌といっても、今のカラオケのように誰かが作詞・作曲したものを歌うのではなくて、即興的に楽しみや親しみの気持ちを表現するのです。声は天女のように美しく、楽器もいらなければ楽譜の心配も必要もありません。人が集まれば、歌や踊りが始まります。

こういうふうに生活そのものが楽園です。わざわざコンサートに行ったり、演劇を見に行ったりする必要もありません。

つまり、未来社会では、暮らしそのものが学習であり、楽しみであり、夢の実現なのです。さらには、他人への奉仕も暮らしの中に組み込まれています。科学もそうです。今のように数字を並べて難しいことを論じ合う必要はありません。

すべて、大神様の意思に沿った生き方がなされていくのです。

次に、ナイアガラの上空に現れたＵＦＯは、どんな未来社会を見せてくれたか紹介したいと思います。

そのＵＦＯ「虹号」は、地球上の数千人の人をテレパシーで呼び寄せ、ビームによってテレポートさせ七色に分けられた七つの講堂に集めました。そこでは、立体テレビの映像によって、宇宙人ケンチンが大講演を行ないました。

この話を筆者が学会でしたところ「新聞で報道されないじゃないか」といわれてしまいました。新聞記者にもテレパシーが通じれば別ですが、今の新聞はそんなもの扱いません。

このときの模様は、カナダの作家、マゴッチが書いた『ＵＦＯオデュッセア――宇宙の友人たち』の最終章に述べられていますが、簡単に紹介すると次のようになります。

一九八六年十二月三十一日に、地球上で数百万人の人々が一斉に結合して「惑星平和瞑想」

を実行したことにより、大量のエネルギーが発生しました。このとき、「地球平和作業」の目的で、大型クリスタル宇宙船が宇宙エネルギーを一杯にして地球へやってきました。そして、瞑想によって発生したエネルギーを集め、増幅し、正のエネルギーに変換して、巨大な光として地球の磁場に注ぎ込んだのです。

これをきっかけに、地球の全体的な意識が変化を始めました。その変化は今も続き、それは期待通りの方向へ進んでいるということです。

一九八七年八月には、「調和収束」という現象によって、神の照明が地球に注がれるという画期的な出来事が起こりました。これは、地球が黄金時代直前の浄化期に入ったことを意味します。世界中の人々が自覚を余儀なくされ、宇宙エネルギー時代の到来によって、人間は一部は物質であっても、大部分は光であることを知らなければならなくなったというのです。

こういったことを否定的にとらえる人は、浄化の理論によって大きな反作用を受けなければなりません。

そして、二〇〇〇年になれば、人間は共同超意識に目覚めることになります。そのことによって、超能力も一人ひとりの人に返還され、新しい時代へと進化していくのです。

そして、最後にケンチンは

「新しい時代が到来しつつあります。まったく新しい世界秩序、より楽しい愛と調和の存在ならびに欲望からの解放――」

と叫びながら立体画面の奥へ消えて行ったそうです。

●

このように、二十一世紀という新しい時代は、二十世紀の常識では計れない形になることは間違いないようです。ユートピアというにふさわしい時代になるのです。

しかし、何度もいいますが、新しい時代を迎える前には、必ず大きな変動が起きるのも、これまた間違いのないことです。

一九九三年の時点での筋書きを筆者の独断的な推測ではなく、『宇宙の理』一九九三年十一月号に発表された念波通信の一部を引用することで、みなさんの判断の一助としてみたいと思います。これは、一九九三年二月五日に霊界より受信したものです。

「(風邪の邪霊) 道を間違えた。あー道を間違えた。ここに来るつもりはなかった。私は至る所に飛び火して、至る所に伝染病の様にはこびる菌であるよ。」(中略)

「マァー、いわば、今、もっとも恐ろしいのはエイズである。実際この世にはびこっていて、これほど恐ろしいものはないが、人間は己だけは大丈夫と思いながら、随分われらにやられている者は多い。段々とこの様なものがこの世に現れて来るぞ。気がついたときには、もう手遅れであるからなあ。
日頃の心のあり方というものが、随分と大きく影響して来る訳だよ。まだわれわれの様な風邪の菌がはびこるうちはよいのであるが、エイズがわれわれの様に大流行してきたら、それこそ人間はひとたまりもなく多くの者が死滅して行くだろうなー。」（中略）
「ハイ、情報は至る所で隠されておって、それこそ何もかもが知らされれば、人類びっくり仰天《ぎょうてん》するのである。われわれは、すでにエイズを超えるウイルスとして多くの者がこの地上に飛来している事を知っているぞ。
まだこれは世に発表されていない。なぜなら、とんでもない事だからだ。
風邪のように流行する、いわばエイズ菌が飛来している。だが、これはまだ秘密であるから決して公にはされないのである。そうだなー、まず東が殺《や》られれば世界は全滅であるから、何とか東を腐らせようという訳だ。いっぱいウイルスをもって来るのであるが、仕方がないなー。日本人の汚れた心が、そういうものを引き寄せて来る。」（中略）
「あの世に行って苦しむ者が増えたら大変なので、なるべく神様はあの世に帰る前に人間の罪を消してやろうと仰せになっていられてなー、マァー、生きている間に大体、めぼしがつく様になって行くんだよ。

そのために、様々な病がそれこそ入り乱れているだろう。その者の我と欲に似合った病が引き込まれるのだ。そして、さらに新たな難病奇病が増えて行くぞ。

それは、あの世に帰って苦しまなくてもいい様に、生きている間に罪滅ぼしをさせて下さる訳だ。この世は大変だなー。だが、そう悲観する事もない。あの世もこの世も同じ様に大変なのであるから……。

こういう事を人間は知らない故に、平然と悪い事をし、悪い事を思う。フフフ……。われらが、はこびる。救われない者は、どんどん溢れて来るだろうーな。

そうして段々と波動が高まり、それが頂点に達したる時には、多くの者が神の裁きを受けて、あの世に帰らねばならない様な事態が起こるのだ。」

本書を読んで、こう生きなければいけないと思ったことを、今すぐ実行してください。

あとがき

宇宙意識のめざめ

あとがき

最後に元気で長生きする方法をお教えしましょう。私は、九十歳近い年齢で、元気に世界中を飛び回っているのですから、みなさんに長生きの教授をする資格はあると思います。

私は、耳も人混みの中へ行くとうるさすぎて頭が痛くなるほど感度が優れています。目も全然支障ありません。足も丈夫です。頭の方もしっかりしていることは、この本を読んでいただければお分かりかと思います。内臓にも問題はありません。

私くらいの年齢になると、病院から山ほどの薬をもらって来るのが唯一の仕事だったり、寝たきりになってしまったり、痴呆症で家族に迷惑をかけているといった人が多いのではないでしょうか。幸い、私には縁のないことばかりです。

それでも、ヒマラヤに住んでいる仙人でババジという人は、西暦紀元二〇三年十一月三十日生まれですから、一九九三年現在は一九七〇歳だということです。この人に比べれば、私などヒヨコです。

それはともかく、常識的な話で、私が健康でいられるのは、やはり気のおかげなのです。

まず、毎日の生活ですが、夜は八時には寝ます。そして、朝三時には起きます。こういう生活をしていれば痴呆症になりません。というのは、人間の脳では早く寝るとアセチルコリンのような神経伝達物質が作られ、それが知的な活動を活発化させているのです。この物質が作られるのが夜十時前後、眠っている時なのです。睡眠によって脳を休ませておくことが、もっともその物質が作られる条件です。だから、夜は十時前には寝ることです。私も、若いときは夜更かしばかりしていました。だから、体も弱かった。それが、生活を変えたらすっかり丈夫になりました。

朝早く起きるというのは、太陽から気をもらえるという利点があります。自然界と同じリズムで生きることが、まず第一です。

次に食事です。私は、菜食を基本としています。肉類は一切食べません。卵や牛乳や魚は時と場合によります。肉はやめた方がいいでしょう。というのは、肉には、殺された動物たちの怨念がこもっているからです。

怨念を食べて元気でいられるはずがない。

それと、タバコはやめた方がいいでしょう。タバコを吸うとアルファー波が出なくなるという報告もあるくらいですから、体によいはずがありません。

そして、最後にもっとも重要なのは洗心です。これがなければ、どんな健康法を実行しても絵に描いた餅です。

私も、健康だからこそ、こうやって本を書くことができました。話したいことはほとんど書けたと満足しています。

しかし、宇宙は絶えず変化しています。私のところへはこれからも毎日のように情報が入ってくるでしょう。これからも、大切な情報をいろいろな形で発表していきたいと思っています。最後にしますが、本書で私が言ったことは、遠くない将来、当たり前のこととして受け止められるようになります。そのときは、素晴らしい夢の時代となっています。みんなで、その時代を謳歌しようじゃないですか。

ありがとうございました。

関　英男

【マハリシと中川雅仁氏との役割とは】

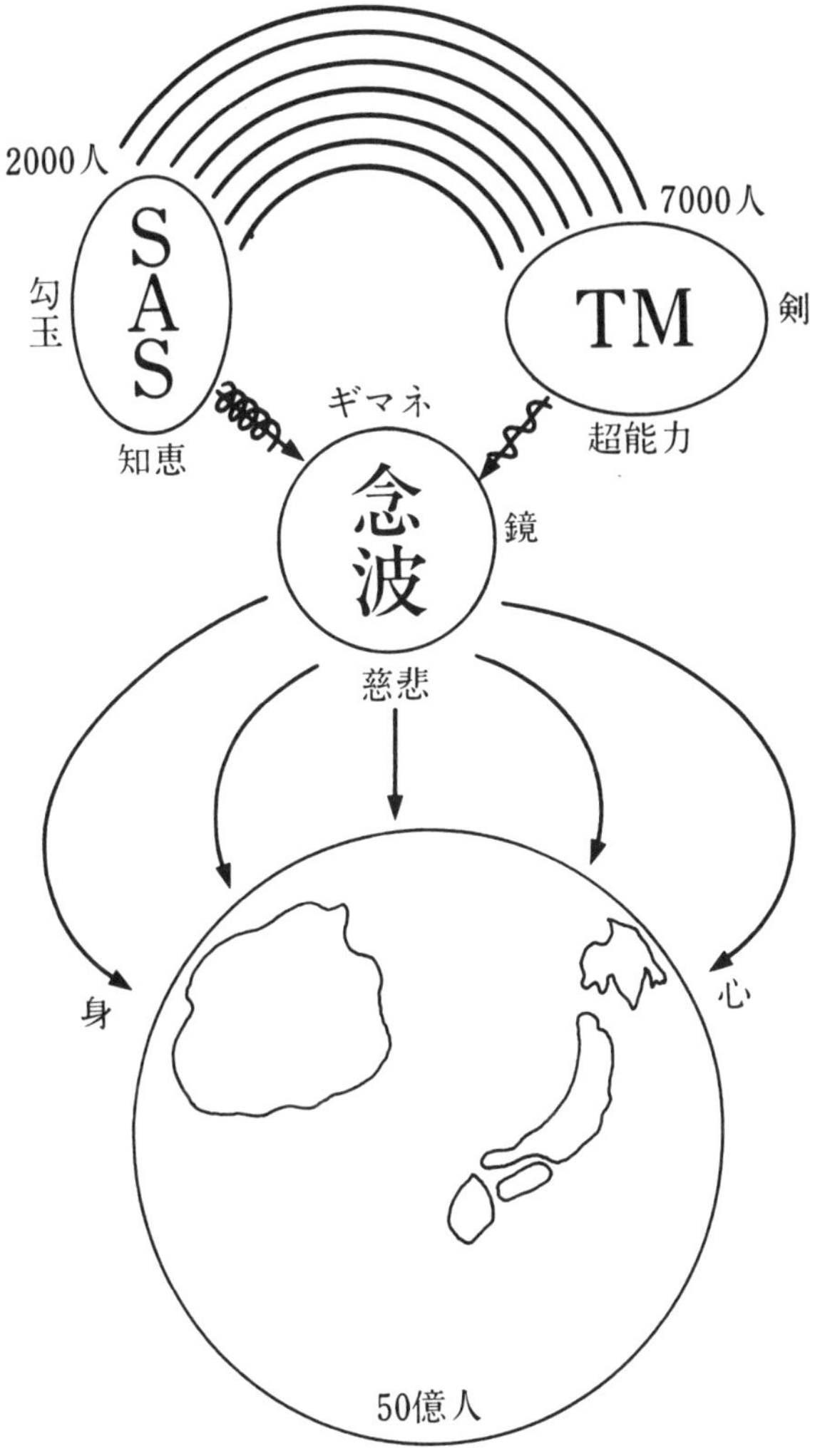

1993年10月25日朝3時の天啓(ヒラメキ)より。

●著者

関 英男（Hideo Seki）

1905年山形県生まれ。東京工業大学電気工学科卒業。工学博士。東京工業大学、ハワイ大学、電気通信大学の教授を歴任し、現在は加速学園代表として後進の指導にあたっている 。紫綬褒章、勲三等瑞宝章を受章している。著書には「エレクトロニクスの話』(岩波新書)『情報科学と五次元世界」(NHK ブックス)「超能力」(光文社)「念波」(加速学園出版局) などがある。また日本サイ科学会会長として高次元科学の世界的頭脳との評価が定着している。

高次元科学

気と宇宙意識のサイエンス

1994年 6月10日 初版
2024年 9月20日 新装版

著者　関 英男

発行

中央アート出版社
CHUO ART PUBLISHING CO., LTD.

東京都江東区常盤1丁目18番8号
電話03(5625)6821(代)
http://www.chuoart.co.jp
E-mail:info@chuoart.co.jp

印刷・製本　中央精版印刷株式会社

ISBN978-4-8136-0807-3　C0011